#物业管理服务心理学

(第 2 版修订本)

于志涛　张峰瑞　编著

清 华 大 学 出 版 社
北京交通大学出版社
·北京·

内 容 简 介

随着经济社会的发展，物业管理行业逐渐步入"以人为本，业主至上"的时代。物业服务人员必须懂得一定的心理学知识，熟练掌握心理学技巧在物业管理中的应用，有效处理好物业管理服务企业与业主之间的关系。

本书以项目为单元进行内容设计，共分为业主的心理特征与心理定势、业主的心理需求与服务、业主投诉心理与服务、业主情绪管理、有效沟通、员工管理心理、组织管理心理七个模块，下设业主的气质类型与服务、业主的职业性格与服务、业主的角色心理与服务、业主的心理定势与服务、业主的服务感知、业主的心理需求与服务、业务投诉心理分析、业主投诉处理与应对、业主的情绪识别、业主的情绪管理、理解业主的技巧、高效沟通、员工心理保健、企业内部的心理氛围营造、企业的领导心理十五个项目。

本书既可以作为高等院校物业管理专业的通用教材，也可供物业管理企业管理工作者和员工学习、参考，还可以作为物业管理相关行业的培训教材或参考书。

本书封面贴有清华大学出版社防伪标签，无标签者不得销售。
版权所有，侵权必究。侵权举报电话：010-62782989　13501256678　13801310933

图书在版编目(CIP)数据

物业管理服务心理学/于志涛,张峰瑞编著.—2版.—北京：北京交通大学出版社；清华大学出版社，2014.3(2023.10重印)
ISBN 978-7-5121-1829-4

Ⅰ.①物… Ⅱ.①于… ②张… Ⅲ.①物业管理-商业心理学 Ⅳ.①F293.33 ②F713.55

中国版本图书馆CIP数据核字（2014）第022529号

责任编辑：谭文芳

出版发行：	清华大学出版社	邮编：100084	电话：010-62776969　http://www.tup.com.cn
	北京交通大学出版社	邮编：100044	电话：010-51686414　http://www.bjtup.com.cn

印　刷　者：三河市华骏印务包装有限公司
经　　销：全国新华书店
开　　本：185×230　印张：12　字数：266千字
版　　次：2014年4月第2版　2023年10月第1次修订　2023年10月第11次印刷
书　　号：ISBN 978-7-5121-1829-4/F·1322
印　　数：14 501~16 500册　定价：36.00元

本书如有质量问题，请向北京交通大学出版社质监组反映。对您的意见和批评，我们表示欢迎和感谢。
投诉电话：010-51686043，51686008；传真：010-62225406；E-mail：press@bjtu.edu.cn。

修订本前言

2011年2月,《物业管理服务心理学》第1版出版。随着高等教育课程改革与教材改革的推进,2014年4月进行了教材的修订,推出《物业管理服务心理学》第2版,其间进行了多次印刷。时隔9年,物业管理行业发生了巨大变化,物业管理行业进入了信息化的时代,很多工作被信息化的方式取代。因此,顺应时代要求,编者在收集了大量实战案例的基础上,再一次进行修订。本书自出版以来,备受广大读者的支持与厚爱,在此,深表谢意!

教材为课程服务。现代高等教育课程教学是能力导向的动态过程,也是职业能力的获取过程,强调的是未来行业所需技能与知识的掌握,以及职业道德与精神的锤炼。正是本着这样的指导思想,编者以第2版为基础,更新新理念、新知识、新案例,力争提升学生的物业管理行业真实岗位能力。本次修订后的主要特色与创新体现在以下两个方面。

1. 更新案例,丰富教学资源。本书中的案例导入皆运用真实的、最新的实战案例,既丰富了教学资源,也有利于强化学生的行业岗位技能。

2. 信息化场景的使用,强化信息化的服务思路。随着网络信息化的发展,人与人之间的交往变得简单高效,但是人际温暖和深度少了很多,本次修订特别增加了情感温度线的内容,旨在强化对学生情感共鸣与共情能力的提升。

本书在修订过程中,借鉴了大量的文献资料,在此感谢所有参考文献的作者!

由于编者水平有限,书中难免会有缺陷和不足之处,诚恳希望各位专家和读者提出宝贵意见,以便日后再修订,使之更加完善。

编 者
2023年7月

第 2 版前言

随着我国住房制度改革和住房商品化政策的持续推进,以及乡村城市化、城市现代化进程的加快,物业管理近些年得到了长足发展,在经济发展与和谐社会建设中发挥着越来越重要的作用。为全面贯彻党的教育方针,遵循高等教育教学规律和人才成长规律,坚持以"学生为本"的育人思想,本书遵循知识、能力与素质综合协调发展及注重技术技能型人才培养的理念进行编写,确保紧扣时代特征。

本书遵循"以人为本""能力为本"的编写原则,力求为高等院校物业管理专业学生提供一本实用性强、针对性强的心理学教材。本书以培养学生的应用技术能力为核心,以学生终身发展为目标,注重学生分析问题、解决问题的能力,为日后从事物业管理服务与管理工作打下坚实的基础。本书的主要特色如下。

1. 结构流程化,应用整体性

在教材内容的选择与结构的设计上,坚持应用型导向,以物业管理岗位实际流程或环节为主线设计全书总体结构,彻底打破学科导向、按理论条目的逻辑顺序排列的老套路,并注重吸收最新理论前沿知识,总结改革实践新鲜经验。在具体内容设计与选择上,最大限度地贴近物业管理岗位实际,所学尽可能联系或直接对应所用。同时,注意所用内容的层次定位,即所选择的内容一定是高等院校学生能用得上,而且是必须用的。本书的编写重点是从企业宏观转为岗位微观、从战略转为实务、从理论知识转为职业技能。

2. "任务+技能"式打包,项目化教学设计

本书立足企业环境,依据物业管理涉及的业主、员工、管理者三大对象,将物业服务心理学内容分为三大部分,编写成既独立又相互联系的十五个项目进行介绍,引导学生掌握作为一名从业人员应具备的服务心理知识和技能。

3. 案例导入,情景模拟,激发学生思考

针对项目需要掌握的知识目标和能力目标,本书选择具有一定普遍性、现实性、针对性强的案例,开展讨论,引发学生思考,加深对理论内容的理解。在实际教学中,最好让学生

以模拟组建物业管理公司或岗位的形式展开课堂教与学,使用教材的教师必须视学生分组及模拟公司的具体情况而进行协调,配合教材调整教学,充分发挥教与学的积极性、主动性与创造性。

4. 情景渗透,行为导向

本书打破传统教材一贯到底的知识叙述型编写模式,构建情景渗透、理实穿插的多元化、栏目式编写模式,以更好地服务于行动导向教学的需要。在教材中明确能力目标和知识目标,设置案例导入、理论讲述、知识拓展、案例思考、心理测试、复习思考题等栏目,并结合知识内容插入服务心理案例、游戏等。

本书编写的过程中,多次和国内多所高等院校的物业管理专业骨干教师交流,与多家物业管理公司进行沟通和联系,并邀请他们对教材内容进行审阅,以保证教材理论与实践相结合。

由于高等教育改革任重道远,课程改革与建设更是改革的重点与难点,加之作者水平所限,本书难免存在不足之处,尚有心到手不到之处,敬请广大读者批评指正。

于志涛

2014年1月于重庆

作者简介

1. 于志涛（1979年11月—），男，山东临沂人；心理学副教授，国家二级心理咨询师；中国心理学会心理科普讲师；2005年获得西南大学心理学硕士学位，毕业后一直从事物业管理专业教学与科研工作；先后在《西南师范大学学报》《科技与出版》等刊物上公开发表学术论文40余篇，主编教材3部；主持国家级课题1项，市级科研课题3项；主研国家级课题5项，省部级课题6项；多次接受重庆市物业管理协会、和记黄埔、交通银行（重庆分行）等企业邀请进行"物业服务心理""物业管理沟通技巧""团队建设与管理"等专题培训。

2. 张峰瑞（1972年3月—），男，四川通江人，毕业于西南财经大学金融系；茂谷（重庆）商业运营管理有限公司总经理；高级职业经理人、经济师、高级物业管理师，房地产和物业评估师；重庆物业行业专家库专家、重庆物业协会标准化委员会副主任；市物协法工委、人资委和技改委委员；重庆市南岸区物业学会秘书长。

目　　录

第一篇　基本理论导入

绪论 2

第二篇　业主的心理与服务

模块一　业主的心理特征与心理定势 10
　项目一　业主的气质类型与服务 10
　项目二　业主的职业性格与服务 19
　项目三　业主的角色心理与服务 28
　项目四　业主的心理定势与服务 34

模块二　业主的心理需求与服务 48
　项目五　业主的服务感知 48
　项目六　业主的心理需求与服务 62

模块三　业主投诉心理与服务 75
　项目七　业主投诉心理分析 75
　项目八　业主投诉处理与应对 83

模块四　业主情绪管理 93
　项目九　业主的情绪识别 93
　项目十　业主的情绪管理 101

模块五　有效沟通 115
　项目十一　理解业主的技巧——倾听、提问与复述 115
　项目十二　高效沟通 125

第三篇　物业管理人员的心理与服务

模块六　员工管理心理 138
　项目十三　员工心理保健 138
　项目十四　企业内部的心理氛围营造 152

模块七　组织管理心理 167
　项目十五　企业的领导心理 167

参考文献 179

第一篇 基本理论导入

绪 论

【学习目标】

能力目标

能熟练运用观察法、实验法、调查法和案例分析法研究物业管理活动中的有关心理现象。

知识目标

了解学习物业服务心理学的重要性；掌握物业服务心理学的研究对象及研究内容；重点掌握物业服务心理学的研究原则和研究方法。

【案例引入】

勃然大怒的业主

春节后的一天，一位业主前来物业服务中心，该男子身穿一身黑色衣服，上衣袖子上有两条白色条纹。刚参加工作不久的物业服务人员小王接待了该业主。小王认为应主动热情地为业主服务，尤其是要及时关注业主当时的状态和难处，看了该业主的穿着打扮之后，他先入为主地认为该业主家中肯定是刚刚失去了亲人。于是，小王主动对该业主说："谁家都会有不好的事情发生，也希望您节哀顺变，一切都会过去的……"话还没有说完，该业主已经勃然大怒："请你不要咒我……"随即摔门而去，边走边骂，炒掉小区物业的骂声响彻整个小区……

请思考

1. 该业主为什么会突然勃然大怒？
2. 物业服务人员小王错在哪里？应该怎样做？

_____
_____
_____

提示：要做好对业主的服务，就应该注重研究业主的心理特征，掌握一定的沟通技巧。

一、物业管理人员为什么要学习服务心理学

（一）有助于调动管理者的积极性，实行有效管理

心理学研究的对象是人的心理现象。它不仅是一门认识世界的科学，也是一门认识、预测和调节人的心理活动与行为的科学。它告诉人们在一般情况下，人类所具有的共同心理特征和一般的人类心理发展规律，使人们能正确地认识自己，发现自己心理上的优势和不足。例如，通过服务心理学的学习，可以使物业管理人员了解到气质不分好坏，性格可以培养和改变，从而扬长避短，最大限度地发挥自己的优势，创造性地开展工作。通过思维的学习，可以使物业管理人员注意培养发散思维和创造性思维，学会运用分析、综合、比较、分类、抽象、概括、系统化和具体化的思维方法进行物业管理工作，极大地提高管理效率和水平，使管理工作更加科学。

（二）有助于了解业主心理，实行人性化管理

管理学之父泰勒认为，要提高劳动生产率，关键是要在管理者和被管理者之间建立一种和谐的人际关系。现代企业管理中有理论认为，要在管理中研究人和人的关系，人际关系处理得好，企业就管理得好；反之，就管理不好。处理好物业管理中的人际关系具有重要意义。通过服务心理学的学习，有助于了解业主心理，促进人性化管理。例如，通过服务心理学中有关态度理论的学习，可以使物业管理人员了解到物业管理过程中态度的重要性，从而在工作中从业主的角度出发，努力理解业主，尽可能地与业主沟通，与之建立良好的人际关系。亲切友好的服务态度和时时到位的服务等，都会使业主建立积极的合作态度，从而更加支持物业管理工作。

（三）有助于预防和化解矛盾，减少不必要的纠纷

通过服务心理学的学习，可以认识到人们之间的各种差异，如能力、个性和认知上的差异等。这些差异的存在，往往造成人们之间的矛盾。有时，这些矛盾来自管理者之间，有时，来自管理者与业主之间。在实际管理过程中，没有化解不了的矛盾，只有不懂化解方法的人。运用服务心理学的原理，动之以情、晓之以理、导之以行，会增进人们之间的理解并达到最终的谅解，还会使物业管理过程中遇到的许多矛盾纠纷得到解决，从而使管理工作有条不紊地进行。

（四）有利于树立企业形象，增强企业竞争力

日本在总结其经济发展取得成功的原因时认为，企业成功的关键在于组织起一个能干的企业管理队伍。在日常的生活中也有"火车跑得快，全靠车头带"的格言。面对竞争日趋激烈的物业管理市场，企业如何在竞争中站住脚并发展自己，很重要的一点取决于自己在市场中的形象和人们心中的地位。所谓物业管理，实际上是物业公司根据合同对物业，即各类房屋及与之相配套的附属设施、周围环境等实施统一的、专业化的和综合性的经营管理，并向人们提供综合性的有偿服务。因为是有偿服务，物业公司必须能真正地满足业主们的需

要，业主们才会满意。

美国心理学家马斯洛把人的需求归为5个层次，即生理需求、安全需求、归属与爱的需求、尊重需求和自我实现的需求。实践证明，这个归类是符合人类需要规律的。业主们的需求也是如此。首先是生理需求，房子为他们解决了住的需求。小区的安全保障就是他们的安全需求。这两项是低级的需求，但也是最大的需求，试想一个没有安全感的地方，即使其他服务再好，也没有人敢住。同时，业主们还希望能在居住的物业小区得到关爱、得到尊重，并从这里出发去实现自己的人生价值，即自我实现。如果物业公司能从业主们的各种需要出发进行管理和服务，必将赢得业主们的赞誉并吸引更多的物业小区的业主，从而为企业在社会上树立一个良好的形象，在市场竞争中增强竞争力，促进企业的发展。相反，如果一个物业公司不运用服务心理学原理，不从满足业主需要出发甚至置业主们的利益于不顾，随心所欲地管理，必将被业主炒掉。

二、物业服务心理学的研究对象

物业服务心理学是心理学在物业管理中的具体应用，属于应用心理学的一个分支。物业服务心理学是研究物业管理活动中业主及相关人群的心理活动及其行为规律的科学。它研究的对象主要是业主的心理及行为、物业管理相关方的心理及行为、员工的服务心理和企业管理心理。

物业管理人员每天都要与人进行沟通，在工作中，与业主、同事、相关人员进行沟通；在家庭中，与父母、配偶、子女进行沟通；在社会中，与朋友沟通，也与陌生人沟通。在工作是否顺利、家庭是否和谐、做人是否成功等方面，沟通都扮演着相当重要的角色。而成功沟通的关键在于充分把握交往对象的特点，因人而异，采取不同的方式和技巧，这样才能达到理想的沟通效果。

对于物业管理人员来说，不仅要熟悉自己的风格，更为重要的是，必须能够在对业主管理与服务的过程中，迅速识别业主的职业性格、气质类型、沟通风格等，然后有针对性地展开有效的交流与沟通。

物业管理担负着许多社会管理职能，是政府管理社会职能的延伸。例如，小区的治安、清洁、交通和车辆管理等，都体现着公安、环卫、市政、街道、规划、园林、道路、车辆等相关部门和专业机构的职能。同时，物业管理人员还担负着与政府职能部门及专业机构的沟通重任。

物业管理提供优质的服务离不开员工的工作，员工心理素质的水平高低决定了物业管理服务质量的优劣。业主满意和员工满意是企业的两大财富，没有员工出色的工作，无法将完美的服务传达给业主，作为管理者，员工是公司的内部客户，其情绪状态不仅影响工作效率，也会直接影响与客户沟通的效果。

由于物业管理行业的特殊性，其服务与管理要通过员工与业主打交道来完成，因此在管理中不仅要对物进行管理与养护，对人的管理也是重中之重。管理者必须懂得一定的心理学知识，这样才可以把握员工的心理活动和行为规律，最大限度地提高群体绩效，营造一个高效的组织氛围，提高公司的竞争力。

三、物业服务心理学的研究内容

物业服务心理学主要研究在物业管理活动中主客体在交往中相互影响的心理现象和规律，其内容分为以下两个部分。

（一）业主的心理与服务

本书主要从业主的心理特征与心理定势、业主的心理需求与服务、业主的投诉心理与服务、业主的情绪管理、有效沟通，以及员工管理心理和组织管理心理等方面进行研究。

（二）物业管理人员的心理与服务

只有满意的员工，才会创造出满意的工作，才会有满意的业主。因此，员工的心理素质、情绪状态等在物业管理工作中显得尤为重要。本书主要从物业管理人员的心理保健、心理素质提升、情绪管理、群体氛围营造，以及管理者心理等方面进行研究。

四、物业服务心理学的研究原则与方法

（一）物业服务心理学的研究原则

1. 客观性原则

所谓客观性原则，就是对任何心理现象必须按其本来面貌加以研究和考察，不附加任何主观意愿。人的心理虽然是在头脑里进行的活动，但它是客观现实的反映，一切心理活动都是由内外刺激引起的，并通过一系列的生理变化，在人的外部活动中表现出来。研究人的心理，就是要从这些可以观察到的，可以进行检查的活动中去研究。人的心理活动无论如何复杂或作出何种假象与掩饰，都会在行动中表现出来，或在内部的神经生理过程中反映出来，在心理学的研究中应根据客观事实来探讨人的心理活动规律。

2. 联系性原则

人生活在极其复杂的自然环境和社会环境之中，人的第一心理现象的产生要受自然和社会诸多因素的影响和制约，人们对某种刺激的反应，在不同的时间、环境和主体状况下，往往是不相同的。因此，在对人的某种心理现象研究和实验中，要严格控制条件。不仅要考虑与之相联系的其他因素的影响，而且要在联系和关系中探讨心理活动的真正规律。

3. 发展性原则

世界上一切事物都是运动、变化和发展的，心理现象也是如此。这就要求服务心理学的研究也要从心理史前发展、意识发展、个性心理发展以及环境和教育条件变化等不同方面，揭示人的心理发生和发展的规律。

4. 分析与综合的原则

把复杂事物分解为简单的组成部分和把各部分联合成统一的整体，是任何学科深入认识其对象的有力手段。在服务心理学研究中贯彻分析与综合的原则，至少包括以下两层意思：其一，心理、意识虽然是很复杂的现象，但可以通过剖析将其分解为各种形式进行专门的考察研究，而后通过综合将其看成有机联系的整体加以理解；其二，在研究某一种心理形式与现实条件的依存关系时，也可以分别考察某一条件在其中所起的作用，而后将其揭示的各种规律加以综合运用。综合的观点在心理学中也可以称为系统论的观点，因此这个原则也被称为系统性原则。

（二）物业服务心理学的研究方法

1. 观察法

观察法是有目的、有计划地观察被试者在一定条件下言行的变化，进行详尽的记录，然后进行分析处理，从而判断他们心理活动的一种方法。

2. 实验法

实验法是按照研究目的有计划地严格控制或设定条件，主动引起或改变被试者的心理活动，从而进行分析研究的客观方法，一般可分为实验室实验法和自然实验法两大类。实验室实验法是在特设的实验中，借助各种仪器设备严格控制各种条件来研究心理现象的方法。自然实验法通常是在日常生活的条件下，实验者有目的地对某些条件加以控制或改变，以研究人的心理活动的方法。

3. 调查法

调查法是指通过书面或口头回答问题的方式，了解被试者心理活动的方法。根据研究的需要，可以向被调查者本人作调查，也可以向熟悉被调查者的人作调查。调查法可以分为书面调查和口头调查两种。调查法能够同时收集到大量的资料，使用方便，效率高。常用调查方法有以下3种。

（1）访谈法

访谈法是研究人员通过与被调查者直接交谈，来探索被调查者的心理状态的调查方法。访谈调查时，研究人员与被调查对象进行面对面的交流，针对性强，灵活且真实可靠，便于深入了解人或事件的多种因素及内部原因。但访谈法花费人力和时间比较多，调查范围比较窄。

访谈的形式可以是个别访谈，即与被调查者逐个谈话；也可以是集体访谈，即以座谈会的形式展开访谈；还可以是非正式或正式访谈，非正式访谈不必详细设计访谈问题，可自由交谈，根据实际情况展开，而正式访谈要预先制订较完善的计划，按部就班地进行。

访谈的过程有以下4个步骤：①访谈开始，应向被调查者说明访谈的目的和基本要求；②逐步提问，倾听回答，对于谈话要收集的内容可以用脑记，也可以用笔记，还可以用录音机记录，以备以后整理分析；③访谈结束，要专门对材料作整理，形成陈述性材料，并作一定的统计性整理；④与问卷调查一样，最后要得出结论性的东西，如被调查问题的现状、性质，产生问题的原因，等等，并随之提出建议、意见。

（2）电话调查法

电话调查法是指研究人员通过电话向被调查者进行问询，了解所需情况的一种调查方法。由于彼此不直接接触，而是借助于电话这一中介工具进行，因而是一种间接的调查方法。

这种方法的优点是花钱、花时不多，能调查较多的人；缺点是不像访谈法那样可以采用多种方式详细询问和解释问题，使被调查者对问题不产生误解。

（3）问卷调查法

范围大一些的调查，常采用问卷的方式进行。问卷即是书面提问的方式。问卷调查法是通过收集资料，然后作定量和定性的研究分析，归纳出调查结论。采用问卷调查法时，最主要的是根据需要确定调查的主题，然后围绕主题，设立各种明确的问题，作全面摸底了解。

常用的问卷调查法有4种形式：选择法、是否法、计分法和等级排列法。

4. 案例分析法

案例分析法是指研究人员深入相关案例单位，对研究对象进行全面的长期观察、了解、调查，研究其心理发展的全过程，在掌握各方面情况的基础上，进行分析整理，得出结果的研究方法。

【能力训练】

业主拒缴物业管理费原因调查

训练方式和步骤：

1. 5人为一个调查小组，以业主拒缴物业管理费的原因为内容，设计一份问卷调查表，到小区或大楼内做一次真实的问卷调查。
2. 结合观察法、访谈法等，了解业主物业管理费收缴现状，做好记录。
3. 对回收的问卷、调查中的各种记录，进行统计、分析，得出结论，并完成调查报告。

【复习思考题】

1. 物业服务人员为什么要学习心理学？
2. 物业服务心理学的研究对象及研究内容是什么？
3. 物业服务心理学的研究原则是什么？研究方法有哪些？

第二篇　业主的心理与服务

模块一 业主的心理特征与心理定势

项目一　业主的气质类型与服务

【学习目标】

能力目标

在物业管理中，能够运用所掌握的关于气质方面的知识，分析、判断业主的气质，从而有针对性地进行管理与服务。

知识目标

了解气质的含义、特征及分类；掌握不同气质类型业主的行为表现及应对方式。

【案例引入】

看舞台剧迟到的人

有四个人看舞台剧迟到了，检票员不让迟到的人进去，在这种情形下，不同气质类型的人会有不同的表现。

第一个人，检票员不让进去，便想反正第一场戏不太精彩，还是暂且到小卖部待一会儿，等幕间休息再进去。

第二个人，面红耳赤地与检票员争吵起来，企图推开检票员，径自跑进去，并且还会埋怨说，剧院的时钟走得太快了。

第三个人，对此情景感叹自己老是不走运，偶尔来一次剧院，就这样倒霉，接着就垂头丧气地回家了。

第四个人，明白检票员不会放进去，不与检票员发生争吵，而是悄悄跑到楼上另寻一个地方看戏剧表演。

请思考

1. 通过这四个人的行为反应，分析判断他们分别所属的气质类型。
2. 在物业管理过程中，如何根据业主的气质类型进行有针对性的服务？

_____
_____
_____
_____

提示：这一案例表明，不同的人具有不同的气质类型。不同气质类型的人其行为反应有一定的差别，在物业管理过程中，物业服务人员在与业主交流时，应针对不同气质类型的业主采取不同的方式。

一、气质的含义和特征

（一）气质的含义

气质是指一个人与生俱来的、典型的、稳定的心理特征，表现为人的心理活动的动力特征，类似于人们平常所说的脾气、秉性、性情等。从本质上，气质是人的心理活动的强度、速度、稳定性、灵活性和指向性等方面的差异。例如，一个人反应速度的快慢、情绪的强弱、注意力集中时间的长短和转移的难易，以及心理活动倾向于外部世界还是内部世界等，固然和外界环境有一定的联系，但在很大程度上与人的气质密切相关。气质相同的人，往往会在不同内容的活动中，表现出性质相同的动力特征。举例来说，一个具有活泼好动、反应灵敏气质的同学，无论是在学习、考试、劳动中，还是在体育比赛、课外活动中，都会非常明显地表现出来。也就是说，气质并不受个人活动目的、动机和内容的影响。气质是一个人最一般的特征，它无处不在、无时不有。

（二）气质的特征

心理学上的气质，具有以下两个方面的特征。

1. 气质具有天赋性

气质是由生理机制决定的，一个人从呱呱坠地开始，就具有与众不同的气质特点。在日常生活中，只要留心，就可以发现，同样是婴儿，有的爱哭、爱闹、爱动，有的安静、平稳、怯生，这说明先天的生理机制构成了个体气质的基础。研究发现，同卵双胞胎儿要比异卵双胞胎儿在气质上相似许多，即使把他们分别放在不同的生活环境和教育条件下培养，也仍能保持他们原来的气质特点，这说明，气质是与生俱来的，是天赋的一部分。

2. 气质具有稳定性和可塑性

一个人具有某一方面的气质特点，就会随时随地表现出来。例如，爱激动的同学，在老师上课时会急不可耐地举手发言，在考试前会心神不定，在赛跑时会抢跑等，像这样并不因活动内容、动机、目的的不同而表现出不同气质的现象，就是气质的稳定性。很多上了岁数的人，都有这样的亲身体会：中学时代的同学，多年不见，偶然碰到一起，彼此之间会发现许多人仍然保留着当年的气质特征。所谓"江山易改，禀性难移"，也主要指的是人的气质。

当然，气质的稳定性是相对的。说"禀性难移"，也并不是绝对的不能移。换句话说，气质具有一定的可塑性。在生活环境和教育的影响下，人的气质在一定程度上是可以改变的。有一位心理学家曾经对一个女中学生进行过实验观察，开始的时候，这个女孩子在学校里的表现是胆怯、孤僻、羞涩、烦恼和爱啼哭。经过实验者和学校、班集体的配合工作，在几年的时间内对她施加影响，引导她积极参加集体活动，委托她担负一些重要工作，选举她当团干部，等等。后来，这位女中学生以前的胆怯、怕羞、孤僻等特征消失了，在各方面表现出主动性、独立性和勇敢的品质。这说明气质的确是可以改变的。

在影响气质变化的诸多因素中，人的主观世界对气质的自然表露有重要影响。不管一个人的气质类型如何，当他们以积极的态度从事学习和生活时，都会表现出高昂的斗志，饱满的热情，充足的干劲。反之，就会情绪低落，意志消沉，缺乏干劲。由此可知，树立了远大理想和具有高尚情操者，一定能够发扬自己气质中的优点，克服气质中的不足。

二、气质的分类

气质最早是由古希腊医生希波克拉底首先提出的，后来罗马医生盖仑作了整理。自从这一理论产生以后，相继产生了各种气质学说，如体液说、血型说、倾向说、激素说、高级神经活动类型说等。其中，最具代表性的就是希波克拉底的体液说和巴甫洛夫的高级神经活动类型说。

（一）体液说

古希腊医生希波克拉底根据自己的医学实践，提出了"体液理论"，这是最早的有关气质的学说。他认为，人体内有4种体液，即黄胆汁（产生于肝脏）、血液（产生于心脏）、黏液（产生于脑）和黑胆汁（产生于胃）。根据人体内这4种体液的混合比例，哪一种占优势，就属于哪一种气质类型。一般将人的气质分为胆汁质、多血质、黏液质和抑郁质4种典型的气质类型。虽然这4种分类的生理基础带有朴素的唯物主义性质，但缺乏科学性。然而，这4种类型又符合人的现实表现，因而一直沿用至今。这4种气质类型在行为上的典型表现如下。

胆汁质的人情感发生迅速、强烈、持久，动作的发生也是迅速、强烈、有力。属于这一类型的人大都热情、直爽、精力旺盛、脾气急躁、心境变化剧烈、易动感情、具有外倾性。

多血质的人情感发生迅速、微弱、易变，动作发生也迅速、敏捷、易变。偏于这一类型的人大都活泼好动、敏感、反应速度快、热情、喜与人交往、注意力易转移、志趣易变、具有外倾性。

黏液质的人情感发生缓慢、内蕴、平静，动作迟缓、稳重易于抑制。偏于这一类型的人大都安静、稳重、反应缓慢、情感不易外露、沉默寡言、善于忍耐、注意力不易转移、具有内倾性。

抑郁质的人情感体验深而持久、动作迟缓无力。属于这一类型的人大都反应迟缓，善于觉察他人不易觉察的秋毫细末，具有内倾性。

（二）高级神经活动类型说

俄国心理学家巴甫洛夫通过动物实验研究发现高级神经活动的兴奋和抑制过程的强度、

平衡性、灵活性3个基本特性的独特的、稳定的组合，构成强、不平衡型（兴奋型），强、平衡、灵活型（活泼型），强、平衡、不灵活型（安静型），弱型（抑制型）4种高级神经活动类型。这4种高级神经活动类型分别与4种气质类型相对应，兴奋型相当于胆汁质，活泼型相当于多血质，安静型相当于黏液质，抑制型相当于抑郁质。

【补充阅读材料】

气质的血型说

气质的血型说是指人的气质是由不同的血型所决定的。人的体内处处有液质的流动，如眼泪、唾液、血液、尿液、胆液、脑液等。单从体重来看，这些体液约占70%，即使看起来很坚硬的骨头，也大约有20%的液质。在细胞中，水占80%~90%。人体内水和其他液体的含量，与地球的海洋占地表的比重是多么的相像。正是这些液质的流动，带动了人体的新陈代谢。体液通过影响生理，进而影响心理。

1927年，日本心理学家古川竹二很敏感地将4种血型和4种气质类型联系在一起。他在通过大量的调查基础上认为，希波克拉底的4种气质类型不是由胆汁和黏液决定的，而是由血型决定的。他把南德斯依纳的ABO系统与4种气质类型相结合，创立了"气质的血型说"。他认为，人的气质特征是由血型决定的。血型分为A型、B型、AB型和O型，其中每一种血型在气质方面都有不同表现。

根据血型把人的气质划分为A型、B型、O型和AB型4种，其相关性格气质特点如下。

A型人。精明、理智、内向、不善交际；沉思好静，情绪稳定，忍耐力强；具有独立性，易于守规；做事细心谨慎，但不果断；责任心强，固执；感情含蓄，注重仪表，但不新奇，是处理家务的能手。

B型人。聪明、活泼、敏捷、外向，善交际；兴趣广泛多变，精力分散；大事故少，小事故却不少；行动奔放，不习惯束缚；易感情冲动，热心工作，不怕劳累；缺乏细心和毅力；动作语调富于感情，易引起他人注意；爱情上，女性比男性主动。

O型人。外向直爽，热情好动，富有精力，爱憎分明，见义勇为，有主见，主观自信，急躁好强，有野心，易激发感情；说话易用教训人的口气，易得罪朋友；动作粗犷，不灵活，不易做耐心的工作；爱情上多属主动，易被别人爱，也易接受别人的爱；长寿者多。

AB血型人。属于复合气质类。机智大方，办事干净利落，冷静、不浮夸；行动有计划，喜分担责任；兴趣广泛；因倾向不同，有的人有领导能力，有的人则沉默寡言、满腹心事，待人接物缺乏经验、易吃亏。

三、气质与职业

气质与职业的关系表现在两个方面：个人的气质特点应适应职业的需要；在选拔人才和

安排工作时，要考虑个人的气质特点。当个人的某些气质特点不适应工作的需要时，可以从两方面着手进行调整：一是扬长避短，二是加强思想修养。气质类型与职业匹配见表1-1。

表1-1 气质类型的行为特征与适宜的工作

气质类型	行为特征	适宜的工作或职业
胆汁质	直率、热情、精力旺盛，情绪易冲动，心境变化剧烈，具有外倾性	社交、政治、经济、军事、地质勘探、推销、节目主持、演说等工作
多血质	活泼好动，敏捷、反应迅速，喜欢与人交往，注意力易转移，兴趣易转换，具有外倾性	社交、推销、采购、外交、管理工作，以及律师、新闻记者、演员、侦探等需要有表达力、活动力、组织力的工作
黏液质	安静、稳重、反应缓慢，沉默寡言，情绪不易外露，注意稳定，但难以转移，善于忍耐，具有内倾性	自然科学研究者、教育者、医生、财务会计等，适宜从事安静、独处、有条不紊的工作或思辨力较强的工作
抑郁质	孤僻，行动迟缓，情绪体验深刻，善于觉察别人不易察觉的细节，具有内倾性	研究工作者、会计、化验员、雕刻员、刺绣员、机要秘书、检查员、打字员等，适宜从事不需要过多与人打交道而需较强分析与观察力，耐心细致的工作

【小思考】结合实际谈谈不同气质类型的人适合做物业服务企业的哪些岗位的工作。

四、气质类型与物业服务

气质类型作为心理活动的动力特征，使人的活动具有一定的独特风格，其行为表现和情绪反应有不同的特征，而且具有稳定的和不易改变的特点。所以，在物业管理中，应该根据不同气质类型的业主，采取不同的策略。

1. 黏液质与物业服务

黏液质类型的业主，沉默冷静，喜欢与否不露声色，情绪稳定，不易受到干扰。对黏液质类型的业主不要以硬对硬或以冷对冷，求之过急，应允许他们有充分考虑问题和作出反应的时间，要避免过多的语言和过分的热情，有事情交代时，要直截了当，语速放慢，不要滔滔不绝，不要过多催促，以求得好的效果。

2. 胆汁质与物业服务

胆汁质类型的业主快人快语，情绪兴奋度高，行动迅速，一般头脑灵活、情绪易变，物业管理人员的解释沟通不合他们的心情和口味时，也许就会不高兴，甚至破口大骂，但稍加安慰即可破怒为笑。对胆汁质类型的业主，要耐心劝说、真诚开导，引导他们一分为二地看问题，使他们克服片面性和盲目性。

3. 多血质与物业服务

多血质类型的业主在日常生活中常常表现出活泼好动，遇事敏感，反应快、动作敏捷，对人热情，不管遇到生人、熟人，都主动打招呼，喜欢把家里的事情告诉朋友和邻居，善于表达自己的意见，信息来源多而广，注意力分散，兴趣容易转移，情绪不稳定等特点。对多血质类型的业主，一定要耐心倾听、学会理解，当他把所说的事情说完后，再以商量的语气向他提出建议供其参考。

4. 抑郁质与物业服务

抑郁质类型的业主动作或语言迟缓，一般喜欢多愁善感、情绪表现持久而深刻，能注意到别人容易疏忽的细节，不愿与人沟通，不善于表达个人的思想和要求。对抑郁质类型的业主，要以礼相待，不要与之开玩笑，不要当他们的面窃窃私语，以免引起猜疑；要认真听取他们的投诉。对他们提出的问题，哪怕不合理，也要心平气和地听完，耐心理解，好言相劝，作出符合情理的解答，使其气消恨平，切忌火上浇油、断然回绝或公开指责，以防出现对立、顶牛情绪。

【能力训练】

气质类型调查

1. 训练方式

（1）以小组为单位利用节假日到物业服务企业现场观察，推测业主的气质类型。

（2）看一看物业服务企业员工接待不同气质类型的业主所采用的方式方法是否合适？为什么？

2. 成果与检测

（1）以小组为单位写出观察分析报告；

（2）在全班组织召开一次交流座谈会；

（3）根据分析报告和个人在交流中的表现进行评估。

【心理测验】

气 质 测 试

测试说明

下面60道题，可以帮你大致确定气质类型，在回答这些问题时，认为"很符合"记2分，"比较符合"记1分，"介于符合与不符合之间"记0分，"比较不符合"记-1分，"完全不符合"记-2分。

测试题目

1. 做事力求稳妥，一般不做无把握的事。

2. 遇到可气的事就怒不可遏，想把心里话全说出来才痛快。
3. 宁可一个人干事，也不愿很多人在一起。
4. 到一个新环境很快就能适应。
5. 厌恶那些强烈的刺激，如尖叫、噪声、危险镜头等。
6. 和人争吵时，总是先发制人，喜欢挑剔别人。
7. 喜欢安静的环境。
8. 善于和别人交往。
9. 羡慕那种善于克制自己感情的人。
10. 生活有规律，很少违反作息制度。
11. 在多数情况下情绪是乐观的。
12. 碰到陌生人觉得很拘束。
13. 遇到令人气愤的事，能很好地自我克制。
14. 做事总是有旺盛的精力。
15. 遇到问题总是举棋不定，优柔寡断。
16. 在人群中从不觉得过分拘束。
17. 情绪高昂时，觉得干什么都有趣；情绪低落时，又觉得什么都没意思。
18. 当注意力集中于一事物时，别的事很难使我分心。
19. 理解问题总比别人快。
20. 碰到危险情景，常有一种极度恐惧感。
21. 对学习、工作怀有很高的热情。
22. 能够长时间做枯燥、单调的工作。
23. 符合兴趣的事情，干起来就劲头十足，否则就不想干。
24. 一点小事情就能引起情绪波动。
25. 讨厌做那种需要耐心、细致的工作。
26. 与人交往不卑不亢。
27. 喜欢参加热烈的活动。
28. 爱看感情细腻、描写人物内心活动的文学作品。
29. 工作学习时间长了，常常感到厌倦。
30. 不喜欢长时间谈论一个问题，愿意实际动手干。
31. 宁愿侃侃而谈，不愿窃窃私语。
32. 别人总是说我闷闷不乐。
33. 理解问题常常比别人慢些。
34. 疲倦时只要短暂休息就能精神抖擞，重新投入工作。
35. 心里有话宁愿自己想，也不愿说出来。
36. 认准一个目标就希望尽快实现，不达目的绝不罢休。

37. 学习、工作同样一段时间，常常比别人感到累。
38. 做事有些莽撞，常常不考虑后果。
39. 老师或他人讲授新知识、新技术时，总希望他讲得慢些，多重复几遍。
40. 能够很快忘记那些不愉快的事。
41. 做作业或完成一件工作总比别人花费更多时间。
42. 喜欢参加运动量大的剧烈体育运动，或者参加各种文艺活动。
43. 不能很快地把注意力从一件事转移到另一件事上。
44. 接受一个任务后，就希望把它迅速解决。
45. 认为墨守成规比冒风险强些。
46. 能够同时注意几件事物。
47. 当烦闷的时候，别人很难使我高兴起来。
48. 爱看情节起伏跌宕、激动人心的小说。
49. 对工作抱认真严谨、始终如一的态度。
50. 和周围人的关系总是相处不好。
51. 喜欢复习学习过的知识，重复做能熟练做的工作。
52. 希望做变化大、花样多的工作。
53. 小时候会背的诗歌，我似乎比别人记得清楚。
54. 别人说我"出语伤人"，可我并不觉得这样。
55. 在体育活动中，常常因反应慢而落后。
56. 反应敏捷，头脑机灵。
57. 喜欢有条理而不甚麻烦的工作。
58. 兴奋的事常常使我失眠。
59. 老师讲新概念，常常听不懂，但是弄懂了以后很难忘记。
60. 假如工作枯燥无味，马上就会情绪低落。

气质测验答卷

	题号														
胆汁质	题号	2	6	9	14	17	21	27	31	36	38	42	48	50	54	58	总分
	得分															
多血质	题号	4	8	11	16	19	23	25	29	34	40	44	46	52	56	60	总分
	得分															
黏液质	题号	1	7	10	13	18	22	26	30	33	39	43	45	49	55	57	总分
	得分															
抑郁质	题号	3	5	12	15	20	24	28	32	35	37	41	47	51	53	59	总分
	得分															

评分方法

A. 如果某一项或两项的得分都超过 20 分，则为典型的该气质。例如，胆汁质得分超过 20 分，则为典型胆汁质；黏液质和抑郁质的得分都超过 20 分，则为典型的黏液-抑郁混合型。

B. 如果某一项或两项的得分在 20 分以下，10 分以上，其他各项得分较低，则为该项一般气质，如一般多血质；一般胆汁-多血混合型。

C. 若各项得分均在 10 分以下，但某项或几项得分较其余项要高（相差 5 分以上），则为略倾向与该气质或几项的混合。例如，略偏黏液质型；多血-胆汁混合型。其余类推。一般来说，正分值越高，表明该项气质特征越明显；反之，分值越低或越负，表明越不具备该项气质特征。

【复习思考题】

1. 简述气质的定义与特征。
2. 简述气质的分类及各类型的特点。
3. 简述在物业管理活动中，如何利用气质的相关知识对业主进行有效的管理与服务。

项目二 业主的职业性格与服务

【学习目标】

能力目标

在物业管理中，能够运用所掌握的关于性格和职业性格方面的知识，分析、判断业主的性格，从而有针对性地为业主进行管理与服务。

知识目标

了解性格、职业性格的含义、特征及分类；掌握不同性格及职业性格业主的行为表现及应对方式。

【案例引入】

事实胜于雄辩

一天早上，某小区业主（个体经商者）来到物业服务中心报案，说自家的汽车车门被撞，要求物业管理公司赔偿，并开出维修报价2000元，如果不答应，他就请律师打官司，或者将车停在小区进口处挡住别人的车辆出入。物业服务人员先是冷静安抚，随后立即查找车辆登记表，判明车辆进入小区的时间，根据时间找到停车位置的录像带，查找被撞方向的其他停车车辆，然后再查找到这辆车；录像上显示这辆车没有被擦伤的迹象。物业服务人员讲事实摆道理，向业主说明他的车是在小区外面撞坏的。最后，业主默认了这种解释。

（资料改编自：张志国，郑实. 物业管理沟通艺术. 北京：机械工业出版社，2019.）

请思考

不同职业的人对此事的反应是不是一样的？该业主来物业服务中心投诉的真正原因是什么？

提示：这一案例说明，由于经商的原因，该业主对利的方面非常计较，但也很讲道理，

只是看问题的角度和其他人有很大的差别。"时间就是生命和金钱"在这类人身上体现得十分明显。物业服务人员应该从性格和职业性格的角度对业主进行分析,有针对性地对业主进行服务,以达到最佳的沟通效果。

一、性格的含义和特征

(一) 性格的含义

性格是人们对待客观事物的态度和社会行为形式中经常表现出来的稳定的倾向,是某些心理特征在一个人身上的有机结合,它体现出了一个人的独特风格。事实也如此,如果一个人对自己担当的工作总是勤勤恳恳,善于克服各种困难去完成任务;对那些在工作和劳动中具有创新精神的同伴给予支持和赞许;对工作不负责和完不成任务的人则给予批评和热心帮助,那么,从这个人对别人、对劳动、对自己的态度和行为方式上就可以看出,这些心理特征的总和构成了他的性格。

性格并不是偶然出现在一个人身上的心理特征,个人的性格一旦形成就具有稳定性,在某种情况下一个人总是表现出特定的生活情感和态度。所谓性格的稳定性,并不是说一个人在行为举止上都是千篇一律的,不可能有不同的表现,而是指人的性格基本结构是不变的,而在不同情境下同一性格是以不同形式表现出来的。

性格是一个人的行为表现较为稳定的基本特征。性格具有稳定性,所以常言道:江山易改,禀性难移。一个人的性格在一定的教育和环境的影响之下形成后,往往难以改变,但人的性格并不是不能改变的,性格具有可变性和可塑性的特征。例如,一位原来粗心大意、脾气急躁的物业管理员,在物业管理公司严格的职业纪律和职业道德要求下,性格会变得细心、沉着、冷静。

1. 定向性

一个人性格虽然不是单一化的,但它有一个定向化的发展轴心。性格的发展和树木的生长一样,幼年时期性格单纯,而随着年龄的增长、社会经验的丰富,性格逐渐趋向复杂化,但正如一棵大树有它的主干一样,在复杂的性格中,必然有一种定向化发展的主导性格。而有了这种主导性格,其他各种分支性格就繁而不乱,人与人之间的深刻认识就基于此。

2. 多重性

高尔基曾说:"人们是形形色色的,没有整个是黑的,没有整个是白的。好的和坏的在他们身上绞在一起了——这是必须知道和记住的。"恩格斯在评价歌德的性格时说:"在他的心中经常进行着天才诗人和法兰克福市议员的谨慎的儿子、可敬的魏玛的枢密顾问之间的斗争;前者厌恶周围环境的鄙俗气,而后者却不得不对这种鄙俗气妥协、迁就。因此,歌德有时候非常伟大,有时候极为渺小;有时候是叛逆的爱嘲笑的鄙视世界的天才,有时候是谨小慎微、事事知足、胸襟狭隘的庸人。"

3. 可变性

性格虽然具有稳定性的特点，并不排斥可变性或可塑性。人的性格是在一定的社会历史条件下，在一个人的长期生活经历中逐渐形成起来的。它一经形成就比较稳固。但是，现实生活是十分复杂的，人们的生活环境和人际关系也是纷繁多变的，因此作为人生活历程的反映的性格特征，也必然会随着现实的多样性和多变性而发生着或多或少的变化。

人的性格变化有两种情况。第一，在性格中具有核心意义的东西，如理想、信念和世界观，在生活过程中不断巩固，逐渐形成个人的典型的特征。这些特征随着生产关系、社会制度的变化而逐渐变化。第二，人的性格表现由于多种因素的影响而发展变化。首先，随着人们所处的环境和在人际交往中受到的影响而改变。尽管一个人始终表现出其性格特征，但在不同场合也会产生差别。其次，由于一时的心理状态影响也会给性格打上烙印。例如，一个平时活泼快乐的学生，由于突遭家庭不幸或重大变故，精神上承受巨大打击，可能会变得沉默寡言，性格发生变化。

（二）性格的结构特征

性格是由许多特征所组成的复杂心理结构。由于每个人的性格特征组合及表现形式不同，因而形成了千差万别的性格。根据一个人对现实的稳定态度与习惯化的行为方式，以及在心理过程中所表现出来的特点分析，性格结构具有以下 4 个方面的基本特征。

1. 性格的态度特征

性格的态度特征是指表现在对现实态度方面的性格特征。作为社会的人，总是不断地接受现实生活的影响，并且总是以一定的态度作出反应。由于客观现实的复杂性和多样性，因而人对现实的态度也是多种多样的。其概括起来主要有以下方面。

（1）对社会、集体、他人的态度的性格特征。属于这方面的性格特征主要有爱国与不爱国；关心集体与无视集体；遵守纪律与自由散漫；助人为乐与自私自利；诚实与虚伪；礼貌与粗鲁等。

（2）对劳动和工作态度的性格特征。属于这方面的性格特征主要有勤劳或懒惰；奋发或懈怠；认真或马虎；务实或浮华；节约或浪费；有首创精神或墨守成规等。

（3）对自己态度的性格特征。属于这方面的性格特征主要有谦虚或自负；自信或自馁；自尊或自卑；严于律己或放任自流等。

2. 性格的意志特征

人自觉地调节自己的行为方式和水平表明了一个人性格的意志特征。其具体表现在以下几个方面。

（1）对行为目标明确程度的性格特征。属于这方面的性格特征为：有目的性或冲动性；有独立性或受暗示性；有组织纪律性或放纵等。

（2）对行为自觉控制水平的性格特征。属于这方面的性格特征主要有：主动性或被动性；自制性或冲动性等。

（3）在紧急状态或困难情况下表现的性格特征。属于这方面的性格特征主要有：勇敢或胆怯；镇定或惊慌；坚决果断或优柔寡断等。

（4）对自己作出决定，执行过程中的性格特征。这方面的性格特征主要有：坚持或动摇；有原则性的灵活应变或顽固执拗等。

3. 性格的情绪特征

性格的情绪特征是指人在情绪活动中表现出来的性格特征。其具体表现在以下几个方面。

（1）情绪强度方面的性格特征。这种特征主要表现为情绪对人的行为活动的感染和支配程度，以及情绪受意志控制的程度。

（2）情绪稳定性方面的性格特征。这种特征主要表现为情绪起伏和波动的程度。

（3）情绪持久性方面的性格特征。这种特征主要表现为情感保持时间的久暂程度。

（4）情绪主导心境方面的性格特征。每个人都有主导心境，个人的主导心境鲜明地表现着他对客观现实的一般态度。主导心境方面的特征主要是指不同的主导心境在一个人身上稳定性的表现。

4. 性格的理智特征

性格的理智特征是指人在感觉、知觉、记忆、思维、想象等方面所表现出来的特点。其表现在以下几个方面。

（1）表现在感知方面的性格特征主要有被动感知型和主动感知型；分析型和综合型；笼统型和精确型；描述型和解释型。

（2）表现在记忆方面的性格特征主要有主动记忆型和被动记忆型；有信心记忆型和无信心记忆型。

（3）表现在思维方面的性格特征主要有深刻型和肤浅型；形象思维型和抽象思维型；思维灵活型和思维固执型；思维敏捷型和思维迟钝型等。

（4）表现在想象方面的性格特征主要有幻想型和现实主义型；主动想象型和被动想象型；广阔的想象型和狭窄的想象型；大胆想象型和想象受拘束型等。

二、性格的分类

性格的分类至今还没有统一，流行的分类方法主要有以下4种。

第一种分类方法：按心理过程的优势方面把性格分为4类。① 理智型——以理智来衡量一切并支配行动；② 情绪型——情绪体验深刻，行为主要受情绪影响；③ 意志型——有较明显的目标，意志坚持，行为主动；④ 理智-意志型——兼有理智型和意志型的特点。

第二种分类方法：按心理活动的指向性把性格分为两大类。① 内倾型。重视主观世界，常沉浸在自我欣赏和幻想之中，仅对自己有兴趣，对别人则冷淡或看不起。②外倾型。重视客观世界，对客观的事物及人都感兴趣。通常，人们把内倾型称为内向，外倾型称为外向。

第三种分类方法：按个性的独立性将性格分为两大类。①独立型。独立思考，不易受干扰，临阵不慌。②顺从型。易受暗示，紧急情况下易慌乱。

第四种分类方法：按人的情绪特征将性格分成以下5种类型。A型——情绪特征不安定，社会适应性较差；性格粗暴，脾气急躁，争强好胜，急于求成；群众关系较差，容易和他人发生摩擦，不注意改进。B型——情绪特征和社会适应性都较为平稳，但缺乏主导性；交际能力不强，智能也不太发达；其精力、体力等都平常；平时既不想做先进，也不甘落后。C型——情绪特征安定，社会适应性良好；不急不躁，性格温顺，较稳重，不得罪人，有一种老好人的味道；但较被动，领导能力差。D型——情绪特征安定，社会适应性强，群众关系好；有工作能力、组织能力；工作认真负责，积极主动，肯动脑筋，能独当一面。E型——情绪特征不安定，社会适应性差；喜欢独自思考问题，不太与人交往，平时很少出门，有自己的偏爱和兴趣；在专业研究和业余爱好方面，有钻研精神，具有一定的修养和专长；性格较孤僻、清高，常感"怀才不遇"，对现实生活中的某些问题看不惯，又不想去改变。

也有心理学者将性格分为4种类型：S（活泼型），M（完美型），C（力量型），P（和平型）。

活泼型性格的特点是对别人无所谓，对自己也无所谓。他们是属于外向、多言、乐观的群体，他们的存在给世界带来了无穷的欢乐。他们以极度的喜悦拥抱每一件事，当他们对生命抱以宽容和接受的态度而不苛求什么时，生命所带给他们的意义就更加丰富。健康活泼型人物乐于与人分享，他们认为自己是快乐并且热情的，他们把幸福和快乐视为人生的目标。

完美型性格的特点是对别人要求严格，对自己要求也严格。总体上他们是内向的思考者，属于悲观的一群人。但他们不会因为悲观就失去积极的意义，由于敏感，他们往往会提早发现一些危机。完美型人物的生命意义就是贡献牺牲，这是非常难能可贵的生命意义。健康的完美型人物对每件事都很擅长，他们是所有人格形态中最具才能者。

力量型性格的特点是对别人要求严格，对自己无所谓。他们充沛的注意力与精力总是向外地集中于这个世界。力量型人物不会被内省的默想所分心，因此从不会从实际行动的世界退缩。相反，他们神采奕奕地随时准备投入新的领域，对这个世界的喜爱总是一再地把他们引导向前，使他们不断地获得新的兴趣和能力。

和平型性格的特点是对别人不要求，对自己不苛求。他们普遍内向，乐做旁观者，属于悲观类型。和平型人物的写照是：自制，自律，实践，平静，满足，感受深刻敏锐，不忸怩，情绪稳定，温和，乐观，让人安心。他们支持别人，有耐性，好脾气，不自夸，是真好人。

概括起来说，4种性格的人生意义各有侧重，活泼型性格的人生意义是欢乐、情趣；力量型性格的人生意义是工作、前进；完美型性格的人生意义是贡献、牺牲；和平型性格的人生意义是轻松、随和。在上述 4 种类型的性格中，每个人通常会具有一种或两种性格，如活泼力量型、力量完美型、和平完美型等。但通常来说，一个人兼具两种相邻性格是正常的，但如果一种人同时兼具两种相对的性格就不太正常了，如力量和平型或活泼完美型，因为这两种性格基本是相互矛盾和相互冲突的。如果一旦发现某个人的性格中具备这两种矛盾的性格，说明这个人在有意无意地戴着一个性格面具，也就是说，其中某一种性格是伪装出来的，是为了适应外界的环境而伪装出来的，当然这种伪装完全是一种下意识的行为，他本人完全不知道。

第五种分类方法：美国学者霍兰（职业指导家）提出了人格-职业匹配理论，认为一个人的性格与兴趣和职业密切相关。

职业性格是指人们在长期特定的职业生活中所形成的与职业相联系的、稳定的心理特征。例如，有的人对待工作总是一丝不苟，踏实认真；在待人处事中总是表现出高度的原则性、果断、活泼、负责；在对待自己的态度上总是表现为谦虚、自信、严于律己等，所有这些特征的总和就是他的职业性格。

人的性格划分为 6 种类型：实际型、调查型、艺术型、社会型、企业型和传统型。

实际（现实）型的人具有重实践、直率、随和、不爱社交、稳定、坚定等特征，适合于从事农业、采矿、制图、机械操作等工作。

调查（理智）型的人具有善于分析、性格内向、聪明、精确和富有理解力等特征，适合于从事自然科学工作、电子学工作和计算机编程等工作。

艺术（文艺）型的人具有感情丰富、爱想象、富有创造性等特征，适合于从事文学创作、艺术、雕刻、音乐、文艺评论等工作。

社会型的人具有爱社交、友好、慷慨、乐于助人、活跃、合作等特征，适合于从事社会工作、教师、护理等工作。

企业（贸易）型的人具有爱冒风险、外向、乐观、爱社交、喜领导他人等特征，适合于从事董事长、经理、营业部主任、营业员和推销员等工作。

传统型的人具有条理性、随和、自我约束、友好、务实、保守等特征，适合于从事办公室工作、秘书、会计、打字员和接线员等工作。

【心理小测验】

通常，如果在排队的时候你来晚了，下面哪种方式属于你或比较接近你？请选择一种。

（1）满腹牢骚，怪自己来得晚或是排队的人太多，并试着加塞儿，别人不让还不高兴，甚至与别人争吵。

（2）规规矩矩地排在最后一个。

（3）不加塞儿，帮着维持秩序；或是加塞儿，呵斥别人让开点。

（4）面带微笑，随便排在最后。

4种方式分别代表着性格的4种类型：活泼型、完美型、力量型及和平型。

三、性格与气质

性格与气质属于两个不同的概念范畴。但由于性格和气质有着相互渗透和相互制约的复杂关系，因此在实际生活中人们常常把它们混淆起来。例如，有人把活泼、好动、性子太急、太慢的气质特点说成性格，而把"老实稳重""一丝不苟"的性格特点说成是气质。实际上，二者既有区别，又联系得非常紧密。性格是在一定社会条件下，在具体的生活环境中形成的，在性格结构中，人生观、价值观、道德品质起着主要作用，因此社会生活条件不同，人的性格特点就有明显的区别；而气质是由神经活动类型特点所决定的，更多带有先天性，因而在不同的生活条件下，人们的气质可能表现出相同的特点。气质影响性格的形成和发展，性格可以掩盖和改善气质。

四、职业性格与物业管理

在物业管理活动中，一般将业主按照职业性格分为3类：知识型、商业型和官员型。

1. 知识型业主

知识型业主说话彬彬有礼，对事情考虑得比较细致，如房屋的维修，要求确定具体的时间、具体的人员等。对他们而言，谈话中常表露出一定的主见性，对物业管理的法律和规章制度很留意，喜欢根据客观事实作出判断和决定，比较注重细节，关心事物应有的合理性。知识型业主为人处世谨慎小心、爱挑剔，考虑问题时容易瞻前顾后、畏首畏尾，缺乏果断性。

知识型业主的职业有：工程师、教师、证券员、统计员、企业管理者等。这类人群是中国社会中的白领阶层，收入比较高，谈吐也比较文雅，是最容易打交道的人，但也是最考验管理水平、应变能力和服务质量的人。

知识型业主不会在细节上纠缠和争吵，他们只要求他人承认其所说的正确性。物业服务人员与这类业主接触时，一定要诚恳，不要说不符合事实的话。因为他们的素质较高，一般不会撕破脸皮大吼大叫，物业服务人员要做得尽可能完美和细致，从语言到声音都要表现出你的关注和善意；当他表露出不满的时候，也不要紧，物业服务人员只需表示歉意，承认所做的工作不到位，让业主从物业服务人员的眼神中感觉到深深的歉意就可以了。

2. 商业型业主

由于经商的缘故，商业型业主对利的方面非常计较，头脑灵活、消息灵通，善于观察和了解，善于和各种人打交道，精于算计。但是商业型业主也很讲道理，只是看问题的角度和别的人群有很大的差别。很多时候他们都是早出晚归，很辛苦，很少有休闲的时间在小区里转悠。"时间就是金钱和生命"在这些人的身上体现得极为明显。

商业型业主一般不会主动找物业服务中心麻烦。但是，一旦自身利益受损，他们就一定要讨个说法。对这类业主，物业管理公司要格外用心看管他们的财产，要有详细的工作记录和登记，以避免纠纷的产生。

3. 官员型业主

"金无足赤，人无完人"。一些官员可能会将工作中的一些方式扩展到生活中，极个别的官员及其家人会有意无意地表现出自己特殊的社会地位，这打乱了小区应有的秩序和规章，招致业主的投诉。与这类群体打交道花费的精力多，也是物业管理中面对的一个特殊课题。在沟通时，首先要给予他们足够的尊敬，经常请他们提出宝贵的意见，然后要对这类群体给予适当的关注，减少自己工作的失误和不完美，以减少官员型业主对物业管理与服务的不满或投诉。

【补充阅读材料】

鉴别性格的途径

1. 性格与行为

（1）从手势看对方性格

讲话时让对方看到手掌的人，思想开放，是具有社交性的人。但是这类人易犯喋喋不休的毛病，急于表现自己。因此，感情善变，很容易和别人亲近，但是也很容易讨厌对方。

讲话时习惯摸嘴巴的人，个性内向、害羞。因为他们要用语言表达自己的真心，所以很容易被别人误会。在压力很大的孩子身上，经常可以看到这种手势。

讲话时用手摸头发的人，经常注意周围的人，也很在意周围的人，经常注意别人对自己的看法。他们对于失败和错误，经常耿耿于怀，非常介意。

讲话时抱着胳膊的人，大多对对方不抱好感，心理上产生了排斥。抱着胳膊有些时候则是不想听对方说话，想结束谈话的表示。

谈话时两手握在一起的人，大都是属于容易紧张的人。他们抱着认真的态度和对方谈话时，在下意识里，就可能会有这种动作出现。

（2）打电话见性格

悠闲舒适型：这类人打电话时舒舒服服地坐着或躺着，一副泰然自若状。他们生活沉稳镇定，泰山压顶面不改色。

以笔代指型：这类人习惯用手中的笔等去拨号码，性格比较急躁，经常处于紧张状态，而且不让自己有片刻的空闲。

边行边谈型：这类人通电话时不喜欢坐在同一位置，喜欢绕室而行。这类人好奇心极重，喜欢新鲜事物，讨厌任何刻板性的工作。

以肩代手型：这类人喜欢把听筒夹在耳和肩之间。此类人生性谨慎，对任何事物必须先考虑周详才作出决定，他们处处小心从事，极少犯错。

电线绕指型：这类人打电话时不断玩弄电话线。此类人生性豁达、玩世不恭，非常乐天知命。

信手涂鸦型：这类人一边通话，一边在纸上信笔乱画。这类人大多具有艺术才能和气质，富有幻想而不切实际。不过他们独具的愉快及乐观性格使他们经常较容易走出困境。

2. 性格与语言

通过人说话的内容及语言风格，可以了解到他们为人处世的态度及行为特点。性格外向的人比较健谈；内向的人在大庭广众之下不爱大声言笑；性格刚直的人不过于用心思，说话比较坦率；而看重个人得失的人比较有心计，常常吞吞吐吐，转弯抹角。以下是一些常见的口头禅透露出的性格特征。

"说真的，老实说，的确不骗你"——这种人有一种担心对方误解自己的心理，性格有些急躁，内心常有不平。

"应该，必须，必定会"——这种人自信心极强，显得很理智，为人冷静，自认为能够将对方说服，令对方相信。另外，"应该"说得过多的时候，反映了有"动摇"心理，长期担任领导职务的人，易有此类口头语。

"听说，据说，听人说"——这种人见识虽广，决断力却不够。其之所以用此类口头语，是给自己留有余地，很多处事圆滑的人，易用此类口头语。

"可能是吧，或许是吧，大概是吧"——说这种口头语的人，自我防卫本能甚强，不会将内心的想法完全暴露出来。在待人处事方面冷静，所以工作和人事关系都不错。其中也有以退为进的含义。事情一旦明朗，他们会说："我早估计到这一点。"从事政治的人多有这类口头语，这类口头语隐藏了自己的真心。

"但是，不过"——说这种口头语的人有些任性，因此，总是提出一个"但是"来为自己辩解。"但是"语是为保护自己而使用的，反映了说话人温和的特点，说得委婉，没有断然的意味。从事公共关系的人常有这类口头语，因为它的委婉意味，不致令人有冷落感。

"啊！呀！这个……嗯"——说这种口头语的人常是由于词汇少，或者是思维慢，在说话时利用这些词作为间歇的方法而形成的习惯。因此，有这种口头语的人，反应较迟钝。有些骄傲的人因怕说错话，需要有间歇来思考，而使用这种口头语。

【复习思考题】

1. 简述性格、职业性格的概念。
2. 简述性格的特征及分类。
3. 不同职业性格业主的特点及行为表现是什么？
4. 职业性格与物业管理活动有什么关系？

项目三　业主的角色心理与服务

【学习目标】

能力目标

在物业管理中，能够运用所掌握的关于业主角色的相关知识，分析、判断业主的角色心理特征，有针对性地为业主进行管理与服务。

知识目标

了解角色心理的含义、分类；掌握业主不同角色的心理特征。

【案例引入】

张先生和王先生的困惑

张先生和王先生这两个素不相识的业主在小区里相遇，起初他们对彼此的印象都不错，但经过深谈之后，张先生得知王先生是大学教授，而王先生得知张先生是工厂工人。此时，由于职业的不同和层次的差距，出现自我角色意识障碍：张先生可能觉得自己与大学教授比较，相形见绌；而王先生也可能因自命不凡而拒绝与张先生再继续深谈。从此，交流产生了距离，达不到更深层次的沟通。

（案例改编自：朱吉玉. 公关心理学. 大连：东北财经大学出版社，2021.）

请思考

1. 这个案例说明了什么问题？
2. 如何解决这个难题？你从中得到了什么启发？

人们在社会交往活动中扮演的角色是多种多样的。不同年龄、性别、职业的业主，由于各自的社会阅历、社会分工和心理成熟程度的差别，形成了各具特色的角色心理。作为物业服务人员，应该把握业主的角色心理，从而提高业主对物业管理的认识，摆正业主的位置。

一、角色心理的含义和内容

(一) 角色心理的含义

角色心理是指人在社会生活中,由于扮演不同的社会角色而在行为上表现出稳定的、经常的心理特点。任何公众在社会中都扮演着一定的角色。角色又有自然角色和社会角色之分,自然角色是指自然形成的角色,如性别角色和年龄角色;社会角色是指社会生活中逐渐形成的角色,如职业角色和文化角色等。自然角色和社会角色的区分是相对的。

(二) 角色心理的内容

角色心理包括:性别角色心理、年龄角色心理、职业角色心理、文化心理等。公众的这些角色心理因性别、年龄、职业、文化的不同常表现出不同的心理特点。在物业管理活动中,对业主角色心理的理解必须注意三点:业主角色的复合性及综合性,业主角色心理的特殊性,特定情境下业主角色心理的变化。

二、业主角色心理与物业管理

业主在社会生活中扮演的角色是多种多样的,不同年龄、性别、阶层的业主,由于各自的社会阅历、社会分工和心理成熟度的差别,形成了各具特色的角色心理。

(一) 不同性别业主的心理特征

性别角色是指由于性别不同而产生的符合一定社会期待的品质特征。不同性别的业主,其生理过程和心理过程特征不同,对社会所持的态度和行为模式也存在差异,在性格、能力、气质、情感等方面形成了各自特定的心理定势和行为活动方式,见表3-1。

表3-1 男女性别角色的心理特征

性别	性格特征	能力特征	气质特征	情感特征
女性	性情比较温柔,富有爱心,厌恶暴力,胆怯怕事,办事谨慎,缺乏充足的自信心	记忆力一般较强,特别表现在机械记忆和短时记忆方面;善于倾听别人的意见或谈话,对各种话题都有兴趣;办事心细,善于观察,富于联想,谨慎小心	心胸相对比较狭窄,受不得委屈与打击,家庭观念较强,比较看重经济和物质,爱斤斤计较;比较固执,一旦形成某种看法,很难改变,且优柔寡断	感情比较丰富,易受感情支配,且易受感染;自制力较弱,更易接受暗示、时尚、流行等
男性	有较强的独立性,喜欢独立工作、独立思考,不喜欢受别人控制、被人指派,心胸比较开阔,不斤斤计较	独立性决定了男性更适合于开拓性的工作,且比较合群,集体意识较强;善于推理,有较强的逻辑思维能力,但比较粗心,对人和事的观察不如女性周到、敏锐	心胸开阔,意志坚定,刚强,对挫折与打击的承受力强;比较务实,讲究实际;比女性更喜欢出风头,好表现,尤其喜欢在女性面前表现自己;虽对服饰、仪表不像女性那么讲究,但花钱大方阔绰	感情不如女性丰富,不多愁善感,也不像女性那样富于幻想,情绪来得快也退得快,自我控制能力较强;不易受他人控制,不像女性那样容易接受新鲜事物

（二）不同年龄业主的心理特征

个体是随着年龄的变化而逐渐成熟和变化的，不同年龄阶段的个体生理发育状况会制约心理的发展。不同年龄的个体在家庭和社会中所承当的角色不同，社会对其的要求也不同，其社会化的过程和内容也因此而不同。同一年龄段的个体往往具有相似的文化程度，这影响着个体的心理和行为。根据心理学对年龄阶段的划分，可以粗略地将个体分为4部分：少年儿童、青年人、中年人、老年人。

1. 少年儿童的心理特征与应对方式

少年儿童一般是指 1～17 岁的未成年人。这一阶段是一个人生长发育最重要也是变化最快的阶段。这一阶段的主要心理特征表现为：天真、活泼、好动、好奇心强、探索心强、求知欲旺盛、情绪易变、容易受感染、易冲动、独立性差等。

在与少年儿童接触的过程中，应该满足儿童乐趣需求，拉近与服务主体的距离。儿童始终是人类的希望和未来，备受关注。他们是家庭的中心，由其形成的人文消费圈不容忽视。儿童能迅速接受新鲜事物，兴趣广泛、欲望强烈。抓住了这个层面，就能带动相关人群的消费兴趣，对于儿童消费者群，可以采取培养的方式。例如，经常性地举办各种文化学习课堂，同时加大娱乐设施建设，开展儿童专场表演，让他们在刚刚离开一个相对独立的家庭而进入社会这个大家庭时，就首先感受到了物业服务带给他们的欢乐与祥和，在这种需求得到满足之后，他们会带动起周围人群要求服务、接受服务的欲望，从孩子们的"笑脸"上得到与物业人员的亲切沟通，这是一种发展物业、美化服务的有效途径。

2. 青年人的心理特征与应对方式

青年人一般是指 18～35 岁的年轻人。这一阶段，智力发展达到最高峰，情感日益丰富，自我意识基本成熟，成家立业，社会适应能力强。这一阶段的主要心理特征表现为：有活力，思维敏捷，接受新事物较快，理解力、记忆力都很强，同时有上进心、进取心，无视社会禁忌，冲动好强。

在与青年人的接触过程中，应不断提升物业管理水平，调动并满足青年人的需求欲望，把握好为主体服务的关键。随着社会和科学技术的发展，物业服务人员所面对的花钱买服务的消费者很大程度上是知识层次的中青年人，他们对物业管理的要求越来越高，如何满足青年人的需求，既是工作的难点，也是做好物业管理工作的重点。应逐步建立物业社区网，并争取建立独立的服务网站，使有这方面需求的青年人可以在休闲、工作中随时点击物业的共享空间。青年人是社会进步的主力，他们白天比较繁忙，难与物业服务人员有频繁的接触，针对这个问题，应逐渐加强"班后服务"等服务体系，使业主下班回到小区后，能够体会到物业管理给他们所带来的舒适和安宁，使业主真正地感受到家园中安、暖、快、洁、便的温馨氛围。在他们因忙碌于工作而无暇顾及的时候，有物业服务人员为其精心守候、热情服务，为其安好这个家。

3. 中年人的心理特征与应对方式

中年人一般是指 35 岁到退休年龄阶段的人。目前，我国这部分人数众多，其心理特征主要表现为：理智性强、冲动性小，做事有计划，少盲目，沉着中庸；负担重，压力大，在家庭中，赡养老人、抚养子女；在社会中，事业有成，竞争意识强，要面子，工作压力大；成熟稳重，处于"不惑"之年，成熟稳重、自尊、富有涵养，思想观念注重习惯性，创新性小。

物业服务人员在同中年人接触的过程中，关心他的事业是最重要的，有所成就的中年人更愿意讨论这个话题，特别是当你对其成就倍加赞誉，对其丰富社会经验表示羡慕，对其开拓精神表示钦佩时，你们的距离就会拉近，他们就会对你产生好感；其次，如果和中年人谈家庭，最好先了解其婚姻、家庭状况，如果他的家庭美满幸福，那么对对方家庭的关心程度是交流成功与否的关键；再次，要稳重，如果言谈举止轻浮，会给中年人一种不信任感、不安全感，要让中年人觉得你是成熟的、稳重的，这样才可以平等的交流；最后，还要虚心请教，中年人社会经历比较多，很愿意总结，并都以此为荣，所以要虚心请教，不要损害中年人的事业感和成就感。

4. 老年人的心理特征与应对方式

老年人一般是指 60 岁以上的人。其心理特征表现为：角色转换导致心理变化，一旦退休，心里会很不适应，有很强的失落感，经过一段时间调整后，对营养、健身、娱乐等会产生较大的兴趣；怀旧心理浓厚，喜欢追忆往事，回顾人生，眷恋故土，很多习惯不会轻易改变；自尊心强，小心谨慎，防范意识明显，作为长者，希望得到别人的尊重，害怕孤独；多数老年人刻板、固执，小心多疑，思想守旧。

在与老年人接触的过程中，应从更新意识入手，做好老年人工作，为提高服务水平创造条件。对于有些老年人，物业管理是一种新生而又相对陌生的事物。有的老年人因为缺乏同社会各层面接触的机会，潜意识中较为排斥服务，习惯于"小家庭"式的生活方式，从而给物业管理工作增加了难度。但老年人社会阅历丰富，在家庭中有一定的地位和感召力，能够成为物业管理中坚定、有力的社会力量；另外，这些老年人长期居住于社区之中，休闲和消遣的需求较多，是物业服务的主要对象。通过满足老年人的爱好，更新他们对物业管理的认识，使他们有一个愉悦的心情，从而成为社区物业管理工作的支持力量。

为了使老年人感受到物业管理在社会发展的作用，应该经常开展各种社区参观活动，使他们从具体、生动的感知中体会到真实、可信的物业管理和服务。在工作中，应经常有针对性地开展与老年人相关的社区工作，如进行健康咨询、家庭保洁、社区娱乐，设立谈天室、金秋活动社、老年京剧社等，使他们感到物业服务的无处不在和体贴入微，不断提高他们对物业管理工作的认知度。例如，开展"小区绿色认养"活动，其中参与的居民大多会是老年人。针对这种情况，可以成立以老人为主的"绿色认养俱乐部"，同时聘请高级园艺师为他们讲解种植养护的经验，介绍新的苗种，并组织到各园林花卉中心参观、观摩。老人们面对这种新的气息，一定会兴趣盎然，积极参与。同时因势利导，组织开展"创意社区家园"的活动，充分调动老年人的创造力、成就感。

（三）不同社会阶层业主的心理特征

社会阶层是指社会成员按照一定的等级标准，被分为许多相互区别的、地位不同的社会集团。其中，每个社会集团中的所有成员之间的态度、行为模式和价值观有很多相似性，而不同社会集团成员之间在这些方面也存在很大的差异性。

社会阶层的划分，一般按照职业、收入、受教育程度等标准划分，也有的按照财富、权力和地位等标准来划分。例如，按照社会地位可划分为金领、白领、蓝领等阶层；按照财富和收入，可划分为贫困、温饱、小康、富裕、富豪等阶层。

不同社会阶层的人，由于受教育程度、经济收入、社会地位不同，表现在价值观、消费习惯和行为方式等方面上都有较大的差异，且有相互排斥的心理。相对低层次的对高层次的存在模仿和向往心理，但有的也有抵触心理。同一社会阶层的人，在上述诸方面表现为趋向一致，并把同阶层的人视为平等人，心理认同度高，容易沟通和相处。

1. 上流社会

上流社会一般是指在政治经济或某一领域有较强造诣的人所形成的社会阶层。其心理特征表现为：支配欲强、有较强的竞争意识，自信心强、有时显得傲慢，有独立见解。

在与上流社会的人接触时，不卑不亢是最基本而又必不可少的心理态度，这样对方才不会轻视你。同时，展示自己的一技之长，坚信自己肯定在某一方面比他强，这样对方才会用平等之心看待你。一定不要阿谀奉承，这样会招来对方的蔑视和反感；也不要过分自卑，这样对方会更高傲；更不要抵触，这样会使交流加速走向失败。

2. 社会中层

在当前社会中，大多数人都属于社会中层。这类人的心理特征表现为：多数求稳，对现状基本满意，有一定的社会进取和竞争力。

3. 社会底层

社会底层是由收入相对较低或职业相对不被大众认可的人组成的群体。其心理特征表现为：没有安全感，易躁，自卑，大多数人没有进取心、竞争力，情绪变化大，敏感，自尊心强。

在与这类人接触的过程中，"坚信人格是平等的"，绝不能有高人一等的想法，并在语言行为上有轻蔑或傲慢无礼；要主动关心、真诚关心，而不是怜悯，因为这类人心理敏感、自尊心强；更不要以教训的口吻与对方谈话。

细节决定成败，"牵一发而动全身"，把握一些看似无关紧要的问题，会有意想不到的收获。"见什么人说什么话"，只有正确地把握交往对象的年龄心理、性别心理、职业心理、阶层心理，物业管理活动才可能有的放矢。

【复习思考题】

1. 简述角色心理的含义及内容。
2. 不同性别、年龄及社会阶层业主的心理特征是什么？
3. 在物业管理中，如何针对不同性别的业主进行管理与服务？
4. 在物业管理中，如何针对不同年龄的业主进行管理与服务？
5. 在物业管理中，如何针对不同社会阶层的业主进行管理与服务？

项目四　业主的心理定势与服务

【学习目标】

能力目标

能运用心理定势的基本理论，解决物业管理及社会交往中的问题，并能分析群体骚乱产生的心理根源，采取相应的预防措施。

知识目标

了解心理定势的基本内涵，掌握心理定势的基本特点和作用，熟悉个体心理定势、群体心理定势和流行心理定势的基本形态。

【案例引入】

漫画：人在群体中的个性消失

请思考

看过漫画后,你有什么启示?

一、心理定势的概述

(一) 心理定势的含义

心理定势是指对某一特定活动的准备状态,它可以使人们在从事某些活动时能够相当熟练,甚至达到自动化,可以节省很多时间和精力。但是,心理定势的存在也会束缚人们的思维,使人们只用常规方法去解决问题,而不求用其他"捷径"突破,因而也会给解决问题带来一些消极影响。不仅在思考和解决问题时会出现定势效应,在认识他人、与人交往的过程中也会受心理定势的影响。

(二) 构成定势的心理因素

构成定势的心理因素有两类:一类是刚刚发生过的感知经验,这些经验很快整合为一种心理准备状态,对随之而来的知觉活动产生影响,制约着知觉的程度和方向。例如,0这个符号,当它出现在一系列数字之后,你会准确地知觉为数字"0",而不会认作字母O;而当它出现在一系列英文字母之后,你会毫不犹豫地知觉为字母O,而不被认为是数字"0"。道理就在于刚刚获得的感知经验,已成为同类知觉活动的特殊心理准备状态,它以简化的心理模式无形地影响随后的知觉活动。

另一类是在较长时间内起动力作用的心理因素，如需要、情绪、价值观，以及已养成的习惯、行为方式和个性倾向等，都可构成某种心理定势，它将不自觉地，甚至无意识地对人的活动产生影响。例如，当人的需要特别强烈时，与该需要相联系的心理定势也显得特别强烈。口渴需要喝水的愿望越强烈，那么提壶倒水的心理定势也就越强烈，它支付出的力量也就越大。"三句话不离本行"，说的是职业习惯问题，正是这种职业习惯构成了人的心理定势，使人用以思考问题、观察事物的方式总是同自己的职业相联系，因而对同自己职业有关的事物就特别敏感。习惯和通常的行为方式作为一种心理定势，似乎有一种潜在的力量，驱使人完成某一套动作，这种"神秘"的力量就是固着定势。操作程序和行为模式经过固着定势而被简化成稳定的心理模型，只要这习惯的动作一开动，便会不费力地重演下去。

定势常出现在人的知觉、记忆、思维、行为和态度之中。定势对知觉的影响很大，它使主体以特殊的整合准备去反映知觉对象，使人的知觉不自觉地沿着一定的方向进行，它影响知觉的整合、组织和选择。定势对人的心理活动的影响既有积极的促进作用，也有消极的干扰作用。前者有助于认知思维活动的迅速、敏捷而有效地进行；后者则相反，它使创造性思维活动受到限制，难以突破旧框框，或者使思维僵化缺乏灵活性，甚至造成认知的歪曲反映。了解这一规律就可利用定势的积极作用，克服其消极作用，这将有利于人们对新事物、新特征的认知，有利于开展创造性思维。

这种定向和模式使人们在认识事物或从事某项活动之前，已构成了一种心理准备状态，影响人们的信息接收、态度变化和行为举止，使人不自觉地顺着一定的倾向性去解释所得到的信息，去感知和评价事物。从而使客观知觉带上了主观色彩，无意识地影响人们的行为。

例如，铃声一响，学生就准备上课；老师在下课时喊了一声："起立！"，平时喊起立的班长立刻脱口而出："下课！"；一听到裁判员喊"预备"，运动员就进入了一种准备起跑的反应状态。定势的意义在于它能使人们对所出现的事情作出迅速、及时的反应，但同时它又容易使人们在已变化了的情况下，仍按一种刻板固定的方式来接受它。

（三）心理定势的基本形态

心理定势不只是一种个体心理现象，也是一种群体心理现象。在物业服务心理中，不仅要研究个体心理定势，还要研究群体心理定势和流行心理定势。

1. 个体心理定势

个体心理定势是指个体在具体事件中表现出来的反映当事人个体认识倾向的心理定势，即每个公众都可能产生的心理定势。它的特点是易受暗示，情感性强，理智往往被情感控制。常见的有首因效应、近因效应、晕轮效应、经验效应和移情效应。

2. 群体心理定势

群体心理定势是指一定范围内的群体在共同生活过程中所形成的一种人数众多、积淀深厚、作用广泛的心理定势。其特点是具有广泛的社会性、较大的潜伏性和稳定性，且根深蒂固。群体心理定势主要包括社会刻板印象、社会习俗、传统文化心理等。

3. 流行心理定势

流行心理定势是指个体或群体在一定时期内由于相互影响而形成的一种较短时间的、带有爆发性的社会心理定势。它具有较大的可变性，往往一哄而起，而后销声匿迹。它虽然存在时间较短，但往往来势不可阻挡，对人们的心理和行为具有很大的冲击力。流行心理定势主要包括流行、流言、社会舆论和集体骚乱等。

二、个体心理定势

业主个体心理定势是指业主在长期生活过程中形成的，通过具体事件表现出来的一种稳定的心理状态和心理活动方式。其主要包括以下几种形式。

（一）首因效应

1. 首因效应概述

首因效应或称第一印象，是指人们首次认知客观事物时形成的印象往往十分深刻，并对以后的认知起着重要的影响和指导作用。这种第一印象会在以后的认知过程中，不断在头脑中出现，产生先入为主的作用，制约着新的印象。

首因效应的本质是一种优先效应，尤其在知觉陌生事物时，该效应的影响很大。从心理学角度看，首因效应存在的心理基础是第一次对某事物的接触留下的印象已经形成了对该事物的看法，因而在以后再次接触该事物的时候，这些看法就会发生作用。因此，人们对事物的认识容易先入为主。若第一印象好，以后就愿意去认知和接受它；相反，若第一印象不好，以后就会尽量躲避和拒绝接受。

2. 首因效应与物业服务

在物业服务中，企业要追求仪表整洁统一，这是因为业主主要是通过年龄、体态、姿势、谈吐、面部表情、衣着打扮等来判断服务人员的内在素养和个性特征的。因此，在物业服务中，不拘小节要绝对禁止，一定要注重运用"首因效应"，扬长避短，确定对策。物业服务人员的适度、温和、合作是否给第一次见到他的人留下了深刻的印象，决定了对方是否进一步谈判的兴趣和合作的信心。

因此，在与业主初次交往时，仪表得体是体现身份、修养、尊敬对方的主要因素；言谈举止是一个人内在气质、修养的表现，也是企业文化内涵、专业知识厚度的展示；适度的工作热情等都是利用首因效应占得先机、感化对方，取得工作突破的有力手段。

（二）近因效应

1. 近因效应概述

近因效应是指最近的信息所形成的印象对人的认知活动的影响。

近因效应与首因效应是相对应的。一般首因效应对初次或短期交往作用较大，当面对长期和较熟悉的事物时，首因效应已经淡化，而最近的印象会成为新的心理定势，给人留下较深刻的印象。当第一次给人留下不好的印象时，并非是世界的末日，不可改变，只要不断努力，用真诚打动人，用实力说服人，用事实改变人，最终会赢得别人的信任，甚至得到更好的评价。相反，再知名的企业、再好的产品，一旦偷工减料或假冒伪劣，欺骗消费者，良好的企业形象就会一落千丈，造成不可估量的损失。

2. 近因效应与物业服务

在人的知觉中，近因效应使人们更看重新近信息，并以此为依据对问题作出判断，往往忽略了以往信息的参考价值。对以服务为产品的物业管理企业来说，因服务的不可储存性和物业合同期限短的特点，使业主更容易产生近因效应。因此，物业管理企业必须注重服务质量的持续性，做到善始善终和服务过程的完整性。

（三）晕轮效应

1. 晕轮效应概述

晕轮效应是指人们在社会认知过程中，把认知对象的某个特征不加分析地扩展到其他方面的现象，就像是晕轮或月晕一样，从一个中心亮点向外扩散，使周围笼罩在一片光环下。因此，晕轮效应又称光环效应，是典型的以点代面、以偏概全的认知错觉。所谓"一俊遮百丑""情人眼里出西施"，便是晕轮效应的典型反映。

在日常生活中，晕轮效应往往是悄悄地又强有力地影响着人们对客观事物的评价。例如，说一个人某一方面好，就什么都好，如明星，他可能戏演得好，并不见得什么都好，但是人们往往会认为他什么都好；一个人长相很好，人们就会觉得此人良心也好。由此可见，晕轮效应是个典型的以点代面、以偏概全的认知偏差。

2. 晕轮效应与物业服务

目前，物业管理企业的品牌竞争，已成为物业管理市场竞争的主要话题，"崇洋心理""外来的和尚会念经"都是品牌折射下的晕轮效应。塑造品牌已成为企业实现可持续发展的百年大计。一个品牌从"稚嫩"走向"成熟"需要几年、几十年甚至上百年的时间，这足以看出创立品牌之不易。因此，在努力打造自己品牌的同时，一定要避免一切有损于品牌形象的事情发生。对于物业管理企业，品牌的塑造主要靠服务水准的不断提升和以人为本服务理念的不断提炼，以形成稳定服务质量、特色化服务，对消费者产生的晕轮效应才是比较稳定的。从某种意义上说，品牌具有晕轮效应，它会紧紧抓住消费者的心，会像一条引线一样牵着业主的思维跟着它走，服务的晕轮效应会产生在业主的潜意识中。因此，应该通过各种途径不断提高企业的知名度与美誉度，依靠微笑服务、差异服务、细节服务、特色服务等使品牌不断保持持久的晕轮价值，促使业主对自己有一种"先入为主"的思维定势。

（四）经验效应

经验效应是指公众个体在进行认知时，总是凭借自己的经验对对象进行认识、判断、归类的心理定势，如"一朝被蛇咬，十年怕井绳"。但是，经验既是一种财富，也是一种束缚。在当今这个变化万千的世界中，用一种固定的经验千篇一律地看待一切人和事，难免会陷入僵化和停滞不前。因而，不能迷信经验，要不断充实、发展新经验，与时俱进，全面客观地认识新事物。

（五）移情效应

1. 移情效应概述

移情效应是指人们习惯于将对某一特定对象的情感迁移到与该对象相关的人或事物上。"爱屋及乌"就是典型的移情效应的反映。移情效应与晕轮效应都是一种知觉的泛化，但晕轮效应多指由对象的局部泛化到整体，而移情效应则是由对象泛化到与之相关的事物上。人是充满感情的，在社会生活中，人们常常自觉或不自觉地受到情绪的影响，产生移情效应。例如，请名人做广告、形象代言人。因此，这对名人的要求就比较高，要让公众喜欢，而一旦名人自身出了问题，移情效应就会大打折扣。

2. 移情效应与物业服务

"想业主之所想，急业主之所急"，站在对方的立场上思考问题，会收到意想不到的效果。在物业服务过程中，应设身处地地从业主的角度来思考和解决问题。例如，业主家里报修下水道被堵，作为服务人员，应该想到这个时候业主最为着急，迫切需要帮助，物业服务人员不能敷衍了事，一再拖延。及时有效地解决问题，会使物业服务更加能够打动业主。

三、群体心理定势

群体心理定势是指一定范围内人群共有的、积淀浓厚而作用广泛的心理定势。它一般反映不同地区、不同民族、不同国家由于文化背景不同而产生的不同习惯心理和思维认知模式。

（一）刻板印象

1. 刻板印象概述

刻板印象是指社会上对一类人或事物所形成的共同的、比较固定的、笼统的看法和印象。刻板印象的形成过程就是按照预想的方式把人分成若干类型，然后分别贴上固定的"标签"。例如，通常人们认为上海人精明，而广东人会做生意；北方人豪爽、粗犷，南方人精明、细致；老年人稳重、保守，年轻人冒失、冲动等。人们常说，物以类聚，人以群分，社会刻板印象普遍存在于人们的意识之中。这是由于人们生活在同一条件下会产生许多共同点，而刻板印象就是对这些类似的共同点的概括，虽然失之偏颇，但也并非毫无根据，常常能揭示出个性的一些典型属性。

2. 刻板印象与物业服务

刻板印象的作用同样有积极和消极两方面。对于物业服务人员来说，必须充分认识刻板印象的特点和作用，并采取正确的态度对待它。一方面，要把刻板印象作为正确认识客观事物的手段和工具，顺应人们的刻板印象规律；另一方面，要看到刻板印象的消极作用，尽量采取有效的方法去改变人们的不良刻板印象及造成的误解，从而保证企业与业主之间的正常交往和沟通。另外，刻板印象毕竟是一种社会偏见，如果能成功地突破某种刻板印象，往往能产生意想不到的效果。例如，人们往往会以为西部地区的消费能力有限，很多企业不敢把触角伸向西部地区，然而温州人却看到了那里的商机，短短的几年就在乌鲁木齐建立起一片自己的天地。近年来，还有不少民营企业家热心慈善活动，有效地突破了"为富不仁"的刻板印象，为自己和自己的企业、为民营企业和民营企业家塑造起正面的形象。

（二）社会习俗

1. 社会习俗概述

俗话说，"百里不同风，千里不同俗"。社会习俗就是人们在长期的社会生活中逐渐形成的各种日常生活约定俗成的行为方式和规范，它会直接或间接地影响公众的心理状态和行为方式，因而也是公众心理定势的具体形式之一。社会习俗虽然没有强制力，但却潜移默化地制约着人的心理和行为。人们的一举一动、一言一行都要受到其所在社会的熏陶和影响。

社会习俗内容相当广泛，具体包括信仰、语言、礼仪、饮食、婚丧嫁娶、节日和服饰等方面。不同的社会由于信仰、语言的不同，习俗也有很大的差别，如信奉伊斯兰教的业主不吃猪肉。正所谓"入乡问俗"和"入乡随俗"，要问清楚当地的禁忌并开展适合当地习俗的活动，即"本土化"。大到一个国家、一个民族，小到一个特定的地区，都有自己的风俗习惯。

2. 社会习俗与物业服务

对于物业服务人员来说，了解和把握社会习俗的特征及其表现，对于避免犯禁忌有重要的指导作用。

首先，物业服务人员要尊重不同地区、民族的礼仪习惯和禁忌习俗，并采取相应的措施去顺应和满足业主的这种心理定势和心理需求。例如，一些民族中的语言禁忌、色彩禁忌和饮食禁忌等，物业服务人员在与不同民族公众的交往中，若不了解或不注意，犯了禁忌或不懂礼节，就会引起对方不快，甚至因误解而发生冲突。

其次，还要注意社会习俗的发展性和可变性。特别是在现代化的城市生活和年轻人中，传统习俗的作用渐渐淡化，新的"洋风俗"逐渐流行，如"圣诞节""情人节""愚人节""母亲节""父亲节"等，要全面了解和把握这种变化趋势，以便更好地开展宣传工作。例如，有些物业公司在母亲节那天，给业主赠送红色康乃馨，让业主带回家送给母亲，以此来打动业主。

（三）传统文化心理

1. 传统文化心理概述

传统文化心理是指在一定地域上生活着的群众或民族所形成的稳固的文化传统在心理上

的反映。它包括地域文化心理和民族文化心理，以其社会的核心价值观为内容，从根本上影响和制约其成员的一切行为。

（1）地域文化心理

地域文化心理是以地域的自然条件，以及政治、经济、历史、文化等特定内容而形成的一种心理定势。这种心理定势侧重于公众的衣、食、住、行方面的定势倾向，常常表现为乡土观念、乡规民俗和地域性格等。人们常说的"百里不同风，千里不同俗"，就是地域文化心理的反映。地域文化心理主要有两种表现形式，一种是以乡土观念为基础的地缘心理；另一种是以地域文化为基础的依从心理。

① 以乡土观念为基础的地缘心理，在中国人中表现得最为充分。这是指与出生地或居住地相关的家乡情结。无论是在海外，还是在国内；不管是打工仔，还是大学生，"老乡"观念都很重。侨居海外的华人，只要听到"乡音"，都会"老乡见老乡，两眼泪汪汪"，哪怕在外时间再长，想的也是"叶落归根"。改革开放以后，大批海外华人在家乡投资、赞助和探亲都是这种心理情结的反映。在大学校园里，"同乡会"或明或暗地存在着。各地方政府在外省市的办事处，也常以地缘、老乡为纽带，成立"联谊会"，或招商引资，或沟通情感，开展各种活动。

② 以地域文化为基础的依从心理是指依从于地域文化价值观的心理倾向。美国的社会学家调查认为，东方人注重人际关系的和谐、谦恭、好客、尊重老人、感恩报德、群体观念强；而西方人注重金钱、时间、效率、个人价值、男女平等。这些地域文化强烈地影响着人们的思想和行为，使人的心理和行为深深地打上地域文化的烙印。

（2）民族文化心理

民族文化心理是表现在共同文化基础上的民族的共同心理倾向。它与地域文化心理有一定的共同点，但两者又有一定的差异。民族文化主要体现在民族意识、民族情感，以及民族象征和图腾等方面。

民族意识是对本民族及其文化特点的认同，它是民族文化心理的基础。民族情感是对本民族及其文化的热爱和归属的体验，它是民族向心力的支柱。每个民族都崇拜、敬仰代表他们民族意识、民族情感的民族英雄和民族领袖，如法国的拿破仑、中国的岳飞等。

民族文化心理在群体心理定势中是最敏感、最强大、最不容侵犯的一种心理定势。在物业管理中应特别慎重，要尊重和顺应各民族的文化思想和文化情感。民族文化心理一旦被伤害，可能引起整个民族的仇视和群体的报复。例如，一度引起轰动的"小燕子"穿着类似日本国旗的"演出服"事件。

2. 传统文化心理与物业服务

传统文化中存在着某些消极的缺乏生命力的糟粕，会影响到物业管理的发展。但是，中华传统文化在现代物业管理中，仍有丰富的内容，具有强大的生命力。对此应给予重视，从中汲取营养，积极建设与物业管理相关的新文化。例如，拿儒家道德哲学中的"义利观"来说，只要能较好地处理义与利的关系，坚持以义为上，以义制利的原则，就能为物业管理提供一种仁爱的道德观；中华传统文化重视人际的亲和，重视家庭的稳定，从而有效地促进人与人之间的沟通，促进相互了解，为物业管理营造一种良好的人文环境。目前，很多物业管理公司通过大力开展社区文化建设，把中华传统文化与现代物业管理相结合，取得了良好的效果，这是值得进一步推广的。

【案例思考】

孩子的头睡得好圆

一天，在某物业小区内，一位奶奶正领着2岁的孙女在小区里玩，一位新来的物业服务人员考虑到要和业主保持良好的人际关系，就要主动与业主交流，和业主寒暄。于是，他走上前去逗这个小女孩说："小妹妹好漂亮，好乖呀，头睡得好圆哟……"这时，这位奶奶一句话都没有说，生气地把孙女领走了。原来，这位奶奶是山东人，在很多山东人的观念中，孩子的头应该睡得平一些，象征着方方正正，很多人都在孩子睡觉时，在头底下垫一本书，以求孩子的头能睡得平一些。

请思考

在物业管理中，应该如何利用传统文化？

四、流行心理定势

流行心理定势一般表现为社会或公众群体在一定时期内广泛追求、传播的一种心理和行为变化趋势，时间相对短暂。其主要包括流行、流言、社会舆论和群体骚乱等形式。

（一）流行

1. 流行的概述

流行又称时尚、时髦等，是人们在一定时期、一定范围内群体共同追崇某种生活方式的社会心理现象。这种现象会导致人们彼此之间发生连锁性的感染，广泛传播，而逐渐成为社会较普遍的现象。在信息传播十分发达的现代社会，流行表现得更为广泛、迅速和频繁，也更引人注目。例如，有流行音乐、流行歌曲、流行服饰、流行发式、流行色、流行化妆、流行食品、流行保健品等，流行现象渗透到生活的方方面面。

（1）流行的特点

流行一般具有新奇性、骤发性、周期性、群体性和变动性等特点。

① 新奇性。新颖、奇特是所有流行项目最显著的特征。人们追求流行、时尚，大都是

一些不拘一格的偏离传统的行为，是人们追求变化、表现自我的一种心理反映。例如，前一段时间内流行喇叭裤，后来流行九分裤；发式有短发、长发、烫发、染发等，都是追求新、奇，越新越奇，越怪越好，甚至有妖魔化的倾向。

② 骤发性。流行一般表现为在较短时间内、社会群体中的一部分成员争相模仿，并迅速扩展和蔓延的现象。流行的速度越快、越狂热，往往寿命周期也越短。

③ 周期性。流行的变化具有周期性。今天作为时髦的事物，几个月后也许就变成过时的东西；曾经是陈旧的事物，若干时间后往往又被看作新潮的东西。

④ 群体性。流行是社会上一部分人在一定时期内能够一直行动的心理倾向。任何形成流行的事物，必须能被多数人认同和参与，是社会群体成员争相模仿并相互感染的结果，没有一定群体的响应，就不能称为流行。

⑤ 变动性。流行一般是短期的、骤发性的。这也符合人们喜新厌旧的习性，始终处于变化中，只有变是不变的。当流行成为十分普遍的行为时，也就不再流行，那些追求时尚的人就会抛弃它，又去倡导和追求新的流行项目。社会越发展，社会变革的节奏越快，人们也就越需要有不断新鲜的刺激和变化。

(2) 流行的心理因素

流行并不具有社会的强制力。人们追求流行是基于心理上的种种需要，主要包括以下几种心理。

① 从众与模仿心理。所谓从众心理，是指公众受到群体的影响，促使他们在知觉判断和行为上，放弃自己的意见，而采取与大多数人保持一致的心理。事实上，对于大多数人来说，都是害怕孤独的，也有一种不安全感，希望融入社会，并努力去适应周围环境，和社会或所属群体保持同步，以达到心理上的平衡。而追求和模仿流行就是避免孤立无援和特立独行的最安全、最好的办法。

② 求新、求奇意识。人的精神、情感是十分丰富的。社会生活的内容若缺少变化，人就会感到疲乏和厌倦，也就是所谓的"审美疲劳"，因此人总是希望有变化，并寻求新鲜的刺激。而流行和新潮的事物，恰恰能满足人的求新、求奇意识。

③ 表现自我个性。在生活中，有些人（多数是年轻人），往往喜欢标新立异，有意无意地想表现自己的与众不同。自我表现欲越强的，追逐时尚、流行的心理就越迫切。他们追求流行就是为了表现自我、张扬个性。

(二) 流言

流言是指一定时期内从非正式渠道传出并在社会上或一定群体内迅速传播的有关共同关心的问题的消息。关键是"共同关心的问题"，如"米价要涨了""要地震了"等。这种传播一般是口头的，内容并不一定真实、可靠，但是由于有一定的数量的社会公众流传，加上没有正式媒介出面澄清，于是流言就使本来被关心的问题更加被关心，使本来不被关心的问题成为关心的问题，所以它具有一定煽动性。流言的传播时间往往比流行更短暂，一旦经正规消息渠道或媒体证实，流言便悄然消失。

【补充阅读材料】

市民的恐慌

2002年4月2日至6日，九江市城区小餐馆先后发生了3起投毒事件，致使9人中毒，4人死亡。但市政府和媒体对此事件保持了沉默，"有人到处投毒"的消息以惊人的速度在九江市民中间传播，并引发了各种版本的流言，进一步加剧了市民的恐慌心理，甚至使得很多市民产生这样的错觉：在稀饭、馒头、煎饼，在任何可以吃到或喝到的东西里，都可能有毒。直到4月11日，官方通过媒体对投毒事件进行澄清以后，市民的恐慌心理才得到了缓解，在很大程度上起到了稳定人心的作用。

1. 流言的概述

流言大致可分为3类：一是和人们的利益直接相关的，如经济形势、股市状况、物价涨跌等；二是和人们利益间接相关的，如市场变化、机构调整、人事变动等；三是和一般人无关的奇闻趣事，如明星丑闻、名人隐私，以及各种道听途说的趣闻轶事等。流言有时也是谣言。

（1）流言传播过程特点

美国社会心理学家G.奥尔波特对流言进行过研究，认为流言在传播过程中会发生很大变化，往往是"以讹传讹"，越传越走样。这种传播过程有3个特点。

一般化：传播时会遗漏许多具体细节，流失很多信息，使内容变得越来越简略、扼要。

强调化：某些内容引起听者的注意，留下较深刻印象，因而变得更加突出。

同化：流言接受者根据自己的已有经验、知识、习惯、态度、兴趣、需要、情绪等主观因素来理解流言的内容，凡是符合他的这些主观状况的，他就会接受下来，同时对各种内容又按照他自己认为合乎逻辑的系统加以归纳整理，进一步加工，甚至添加枝节，然后再传播。所以最初产生的流言到最后可能变得面目全非。

流言的传播并不是平均地传给社会上的每一个人，而通常是有选择地传给那些与其内容有关系的人，流言传播的速度一般是开始缓慢，然后不断加快，当接近人人皆知的饱和状态时，又缓慢下来直到停止。流言是逐渐消失的，往往要经历一个消失—重现—再消失的反复过程。

（2）流言发生和传播的条件

第一，在客观情况含糊不清、缺乏可靠信息特别是正常信息、沟通渠道不通畅的情况下，流言最容易产生和传播；第二，人们心理上的不安和忧虑会促使流言产生和传播；第三，当社会处于危机状态，如发生战争或遭受地震、灾荒时，人们容易产生恐怖感和紧张感，流言也就容易产生和传播。

2. 流言与物业服务

流言是可以制止的，因为它缺乏事实的依据，只要有关方面进行深入调查，向人们提供确切的信息，或者追查到流言的根源，向人们澄清，增加透明度，流言会自动消失。相反，越是沉默、封锁消息，反而会增加信息的暧昧度，就越能增强流言传播的强度和范围，造成的社会危害越大。

流言一般是消极的，但也可以发挥积极作用。合理地利用流言，也可达到组织的一定目的。例如，物业管理企业要出台一项新措施，可以通过小道消息有意泄露，成为流言，试探业主或业主群体反应，了解业主的意见，以便及时调整并发布新办法、新政策。也有的企业或组织利用善意的流言制造一些花边新闻来为自己造势，扩大知名度，也不失为一条较好的策略。

（三）社会舆论

社会舆论是指在社会上或群体中，人们对普遍关心的人和事公开地发表一致性意见。舆论与流言不同，它不仅传播信息，更主要的是表达了社会上或群体内多数人的意见和态度。

1. 社会舆论概述

舆论的形成分为自发形成和有意形成两种。自发形成的舆论又称"民间舆论"，多为口头表达形式，没有组织与领导，往往是自下而上、逐步形成的。这种舆论，影响比较小。有意形成的舆论，则是有组织、有目的，通过各种媒介，自上而下的广为宣传，所以它的影响面宽，影响力较大，传播的速度也快，容易造成声势，并在较短的时间内产生强有力的效果。

社会舆论之所以容易被人们接受并传播，首先是因为它代表了公众的倾向性意见和综合观点，它本身具有许多客观、合理的因素；其次是由于公众在主观上早就有了一定的心理感受与心理准备，这种心理准备倾向遇到了舆论信息而产生了心理共鸣。社会公众一旦接受了舆论，就很快会加以扩散、发表见解，致使舆论的形式与传播带有浓厚的情绪色彩。

2. 社会舆论与物业服务

舆论是社会公众的意见，因而它具有强大的社会影响力。人们常说的"人心所向""众望所归"，就是一种无形的动力，而"众怒难犯""千夫所指，不病而亡"，则是一种精神压力。

业主获取社会舆论的主要渠道就是新闻媒体的报道。人们在接收信息时，总是习惯"先入为主"，这就需要媒体在事件发生的第一时间，对事件的发生有一个清晰的认识，既要维护业主的利益，也应该引导公众了解物业管理公司的做法，以确凿的事实和雄辩的理论，对错误观点形成强大压力，以尽快解决矛盾，处理问题，使社区趋于平稳。

物业管理公司要及时与媒体沟通，注意舆论导向效果。有效的舆论引导应该真实地反映舆情，正确地表达公众舆论，媒体在了解群众的心态，体察民情民意的同时，还应该深入了解物业管理公司工作的合理性，而不能仅仅以群众情绪为第一信号。因此，在事件发生后，物业管理公司要以积极的态度，配合媒体将物业管理公司的做法向业主进行明确的解释说明，以获得公众的理解与支持。当然，其前提是物业管理公司的做法是合情合理的。而媒体无论是对政策的宣传，还是对问题的揭露，都应该注意维持政治压力和公众需求之间的平衡，维护社会的稳定。新闻从业人员能够得到比普通市民更多的信息，能够利用工作的机会对社会进行评价，对新闻进行处理，对舆论进行引导，从而影响公众对事件的注意力和思考角度。但是，这种特权应该被用来竭尽全力地担负起社会的责任,全心全意为人们的知晓权服务。具体到有关物业管理的报道,应从业主与物业管理企业两方面进行客观理性的反映和宣传,应以化解矛盾,促进社区稳定为根本出发点,那种想借助"曝光"或"揭丑"而一鸣惊人的做法最不可取。

(四) 群体骚乱

1. 群体骚乱概述

群体骚乱是指在某一特定场合或局部范围发生的扰乱和冲击社会正常秩序的群体行为,是公众在非正常状态或危机状态下的一种行为方式。人们常常发现,在一些公共场合或人群聚集的地方,如电影院、体育场、车站、广场等,因为一些自然原因或偶然事件引起人群的激烈互动,造成一定范围的混乱现象,或者说是人们在危机状态下,面对现实的或想象的威胁作出的非理性和不合理的心理与行为反应,往往会导致交通阻塞、人员拥挤、踩踏伤亡,甚至损坏公共设施和他人财物,以及互相打骂伤人等恶性事故的发生。

一般骚乱极易发生在水灾、火灾、地震等自然灾害,或者军事入侵、经济波动等社会危机状态下,也会发生在谣言引起的假想危机状态下,以及重大体育比赛、政治风波、大型聚会、明星演唱会等特定情境下。骚乱具有突发性、发泄性、交互感染性、破坏性和短暂性等特点。

① 突发性。突发性是指骚乱一般没有事先准备和酝酿的过程,是无组织、无计划的突发行动,难以预见。往往是一群人由于某种刺激的过敏反应,产生过激行为,导致群体骚乱。骚乱中可能有带头者,但不是确定的,往往有人振臂一呼,周围人群起响应,便产生骚乱。

② 发泄性。骚乱是公众内心情感的一种盲目发泄,进入一种非理智的狂热状态。骚乱者往往以失常的方式表现自己的激情,不可理喻。例如,在重要的足球比赛中,球迷骚乱屡见不鲜。

③ 交互感染性。发生骚乱的人群成为一个临时性群体,情感和言行相互感染和模仿。在群体的作用下,个体往往会作出单独情境下他不敢干的事。此时,骚乱者只感受到群体的力量,只受群体行为的支配,人云亦云,一哄而上,不能自控。

④ 破坏性。骚乱会引起围观、起哄、无理取闹,扰乱社会秩序,甚至打、砸、抢,造成国家和人民生命财产损失,或者造成拥挤踩踏、群体斗殴,造成无辜人员伤亡等恶性事件,给社会和公民造成极大伤害。

⑤ 短暂性。骚乱靠的是一时的激情和冲动,一般不会维持长久,即使没有强制的外部力量,也会自行停止。但骚乱如被别有用心的人利用,有可能演变为规模较大的、时间较长的社会风波,甚至扩大为政治动乱。所以,有关部门要予以高度的重视。

2. 群体骚乱与物业服务

群体骚乱作为扰乱社会秩序的群体行为,其破坏性是显而易见的。各级政府部门和各类组织团体,要了解骚乱的心理和行为特征,掌握骚乱的发生、发展规律,在组织大型集会、开展大型活动时,要对可能发生的骚乱予以足够的重视。在人群容易聚集的地方,要事先做好预防,有组织、有计划地给予疏导;遇到紧急情况,要有应急措施,及时进行解释、说服工作,来缓解群体的骚动或恐慌情绪;及时化解矛盾,取得业主的理解、信赖和支持。物业管理企业应该建立并健全企业与业主的信息沟通渠道，广泛倾听业主的意见和要求，并通过信息反馈，及时化解业主的积怨，防患于未然；在组织开展大型活动，并有大规模群体聚集时，应搞好安全、保卫工作，有计划、有组织地进行人员疏导，防止拥挤踩踏的发生；当群体骚乱行为发生时，应迅速控制和制止少数人的过激行为，防止扩散、传染，遏制事态进一步扩展。

【案例思考】

外墙渗水业主怨　积极处理避骚乱

某小区自 2009 年入住以来，外墙出现裂纹渗水，半年后涂料已经基本褪色，业主对此意见很大，多次向物业建设单位、管理处反映，但问题始终没有得到解决。业主要求维修的呼声越来越高，甚至有些业主私自串联，准备采取集体签名、上访等过激行为。

物业管理公司处理过程：积极与物业建设单位联系，反映小区外墙实际情况，把再不进行维修，其后果的严重性报给物业建设单位，从根本上打消物业建设单位无限期"拖"的念头；积极向物业建设单位提供多套合理的解决方案，并分析各方案的利弊；积极与业主委员会合作，与有影响力的业主进行真诚沟通，取得各方的信任，把不安定因素消除在萌芽之中；充分认识时间的紧迫性，督促物业建设单位尽早确定并进场开工，争取在五六月份雨季到来之前完成施工，否则拖入下半年，事情将更难处理，后果无法想象。最后，物业建设单位在认真考虑、衡量利弊后采取了行动。

请思考

通过这个案例，您认为应如何化解群体骚乱？

提示：物业建设单位与业主之间因种种因素不可避免会出现一些矛盾，倘若一方只考虑自己的利益得失，不考虑别人的真实感受，矛盾就会升级、激化。此时，管理处应依据相关法规、文件的规定，适当运用强硬手段是能够收到一定效果的。当然管理处在具体实施时，也要考虑周全，不要把双方矛盾的焦点引到自己身上。

【复习思考题】

1. 简述心理定势的含义及基本形态。
2. 个体心理定势一般有哪些分类？个体心理定势分别具有什么特征？
3. 群体心理定势的种类有哪些？分别具有什么特征？
4. 心理定势在物业管理活动中有何应用？

模块二 业主的心理需求与服务

项目五　业主的服务感知

【学习目标】

能力目标

熟悉运用服务感知分析和把握业主的需求，并在物业管理活动中有效利用相关原理进行有针对性的服务。

知识目标

了解业主感知的基本层次、内容、影响因素；掌握服务接触的效应、方式、类型和技巧；了解感知服务质量的要素；重点掌握业主满意度与期望值的相关知识；掌握促进服务感知的策略。

【案例引入】

对 IT 工程师的服务感知

假设这样一个情景：某 IT 公司的工程师应邀为客户排除系统故障，他带着工具到达指定的地点。客户一见他会对他有个第一印象，会去想他能不能帮自己排除故障。这个第一印象从哪儿来？通常可以从外表产生。例如，他有没有戴眼镜，因为戴眼镜显得比较有文化；然后再看他的头发，他的发型是不是很蓬乱，如很多土，蓬头垢面，我们知道有很多 IT 工程师都是不修边幅、胡子拉碴的样子；最后再看皮鞋，皮鞋有没有土，如果皮鞋有两个星期都没擦过了，很多土，那客户就会觉得他很邋遢，邋遢说明这个人在生活中不注重小节。由此客户联想到这个工程师修理东西时，会不会也很马虎、很不细心呢。再来看一看这位工程师所带的工具，通常工程师出去维修时会带着笔记本电脑和一些工具。客户会看看工程师的包是不是很干净，如果包上面都是油渍，很脏很破地粘在一块，里边的笔记本电脑掏出来上面贴满了胶布，不知道已摔过多少次了，客户就会觉得这是一个混饭吃的家伙，手里的工具也这么差。综合以上这些印象，客户会认为这个工程师的服务技术不怎么样。

请思考

1. 您觉得这位工程师的服务失败在什么地方？

2. 应如何提高客户对服务的认识？

服务感知（Perception of Service）是指顾客对服务的感觉、认知和评价。了解顾客对服务的感知是至关重要的，因为顾客对服务质量的判断、顾客对服务的满意程度是源自顾客对服务的感知。这是每天服务工作的重点，也是服务质量控制的要点。

一、业主服务感知的层次

业主对服务的感知，包括4个层次，如图5-1所示。

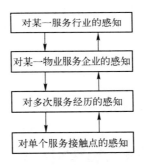

图 5-1 服务感知层次

（本图来源：森吉兹，巴里，罗伯特. 服务经营管理学. 顾宝炎，译. 北京：中国人民大学出版社，2005.）

从对单个服务接触点的感知到对某一服务行业的感知，服务感知从特殊到一般，从具体到抽象，从低层次到高层次。不同层次的服务感知之间是相互影响的。例如，业主对某物业公司清洁卫生质量的感知，会影响到对这家物业公司整个服务质量的感知；反之亦然。不同层次的服务感知也不一定是正相关的。业主对某一服务行业缺乏好感，并不妨碍对其中个别服务企业具有好感。社会评价高的名牌物业服务企业也会因为自己的工作失误而引起人们对个别服务岗位的不良印象。名牌物业服务企业及其所属部门或岗位在服务感知上的一致性所付出的努力，一般要比非名牌物业服务企业大。相反，许多非名牌物业服务企业赖以生存的因素之一，就是社会对其个别岗位的评价较高，超过对整个物业服务企业的评价。

二、服务感知的内容

【小思考】

请列举你入住小区后的感知内容。你从哪些方面感受到了服务质量？你的期望是什么？你对服务质量有满意感吗？你认为服务价值体现在哪些方面？

（一）服务质量

1. 概念

在服务业中，服务质量是人们感知的质量，是人们感知服务的关键。在纯粹服务的情况下，服务质量是人们评价服务的主要因素，在无形服务和有形产品混合在一起提供给顾客的情况下，服务质量的高低在决定顾客是否满意时非常关键。Gronroons（1982）第一次提出了顾客感知服务质量的概念，他指出：服务质量是由顾客感知的质量。服务的生产和消费无法分开，服务质量是在服务生产和服务消费的互动过程中形成的。因此，服务或多或少是一个主观体验的过程。感知服务质量是顾客对服务质量的期望和体验进行衡量的结果。

2. 物业管理服务质量的要素

物业管理服务质量的5个要素如图5-2所示。

图 5-2 物业管理服务质量要素

（1）有形度

服务人员或服务产品外在所呈现出来的东西，称为有形度的东西，或者说物业管理企业从外在呈现出来的东西称为有形度的东西。人们在最初看待服务时，通常是通过有形度来看待的。

【案例】

即使在一家从来没有去过的餐厅，你也可以猜测其服务究竟怎样或菜品如何。通常可通过什么判断呢？一是人气，二是环境。如果一进去就发现环境很脏，碗有缺口，壶掉了一个嘴等，马上就会觉得外面都这么脏，里面的厨房就会更脏，做出来的菜也好不到哪里，那么就会考虑是否还在这家餐厅吃饭。正是这家餐厅外在呈现出来的东西导致了你的判断结果。

（2）同理度

服务人员理解客户的需求、想法的程度，称为同理度。服务工作中的同理度体现在以下3

个方面。①理解客户的心情,当客户需要帮助时,服务人员能很关注他、及时地向客户道歉、知道客户为什么着急;②理解客户的要求,服务人员能够迅速地通过提问的方式,知道客户想要什么东西;③服务人员的工作态度,服务代表要充分地关心和尊重客户。

【案例】

推销洗衣机

推销员:"哎呀,你这台洗衣机太旧啦,用旧洗衣机很费时间,太太,你该换新的了!"太太驳斥说:"你在说什么呀,这台洗衣机很耐用的,到现在都没有出现过故障,新的也不见得好到哪里去,我才不换新的呢!"

另一推销员:"这是一台很令人怀念的旧洗衣机,因为很耐用,所以对太太有很大的帮助。"太太听到有人站在她的立场上说话,高兴地说:"是啊,这倒是真的,我家这台洗衣机确实用了很久,是太旧了些,我倒想换台新的。"推销员顺势拿出宣传的小册了,结果成功了。

(3)专业度

客户在选择一个企业时,往往要看这个企业是不是专业。例如,很多餐厅会把厨师长的照片和他的工作背景都贴出来;医院会把主治大夫的事迹、照片和学历背景都尽可能多地公示出来,以便让患者慎重地选择大夫。因为,客户在选择服务时非常关心他的专业度。

(4)信赖度

信赖度是一种品牌,一种持续地提供优质服务而带来的一种能力。通常客户在选择企业时,他最看重就是信赖度。当一家企业的服务人员让客户对他有了信赖度以后,客户会认为这家企业在其他方面也一定能做得很好。当然,这种品牌不是企业一朝一夕就可以轻易地培养出来的。例如,当要维修汽车时,看到挂着一块某品牌汽车公司特约维修站的牌子,尽管从来没有在这里修过车,但是车主会想到:在这里不会有假的零配件。在这种想法支配下,他就会放心地把自己的汽车交给他们修理。当给汽车加油时,一般会选择中国石化、中国石油等大企业油站,因为在这里加的油,应该能够得到货真价实的保障。这就是品牌给客户带来的高信誉度。

(5)反应度

反应度是服务人员的服务效率和速度问题,客户在向服务人员提出要求后,服务人员能用多长时间解决问题。客户在这方面的期望值通常是非常高的。

反应度的另外一种体现就是服务人员的语言表达。例如,在餐厅吃饭时,你希望服务员给你拿点儿牙签,服务员回答稍等一下,或者请稍等,马上给您拿。你对这两种回答的感觉会不太一样,不一样在哪里呢,就是"马上"这两个字,这两个字带给你的感受有一种很强的、很快的反应度,认为服务员会马上迅速地帮你解决问题。

由此可见,客户在选择企业时是通过有形度、同理度、专业度、信赖度和反应度来进行的,而在这5个度当中,客户最关心的是信赖度,因为信赖度是提供其他4个方面的优质服务的前提。

【小思考】

客户在选择企业时一般是考虑哪几个方面的因素？请判断客户选择下列服务时，考虑的最主要因素是哪些？任举两个。

A. 小张看到某餐厅灯火辉煌，人很多，于是他放心地进去吃饭。

B. 小王在苏宁商场买了诺基亚 8900 手机。

C. 小李在某医院看病时，觉得那里医生的态度很好，而且药到病除。以后他一有身体不适，就去那家医院。

D. 小李家的海尔冰箱出了点儿问题，他打了海尔服务中心的电话后，不到一小时，服务代表就过来帮他很快地解决了问题。

（二）业主满意度

1. 期望值

1）概述

期望值是指人们对所实现的目标主观上的一种估计，又指人们对自己的行为和努力能否导致所企求之结果的主观估计，即根据个体经验判断实现其目标可能性的大小。

期望值理论是美国耶鲁大学教授、心理学家弗罗姆（V. Vroom，1964）首先提出的。弗罗姆的基本观点是人之所以能够积极地从事某项工作，是因为这项工作或组织目标会帮助他们达成自己的目标，满足自己某方面的需要。所以，弗罗姆认为，某项活动对某人的激励力取决于该活动结果给此人带来的价值，以及实现这一结果的可能性，用公式可以表示为：

$$M = V \times E$$

式中：M——激励力，表示个人对某项活动的积极性程度，希望达到活动目标的欲望程度；

V——效价，即活动的结果对个人的价值大小；

E——期望值，即个人对实现这一结果的可能性判断。

2）影响期望值因素

每一个人对他周围的环境、事物、人等几个方面都有一种期望，而这种期望根据个人的情况不同也各不相同。造成客户期望值不同的主要原因如图 5-3 所示。

（1）经历

由于每一个人的经历不同，因而导致其要求也各不相同。相对而言，经历越少的人，期望值相应地比较容易被满足，而经历越多的人，往往就不容易被满足。作为一名物业服务人员，必须竭尽自己的所能满足业主。由于每一位业主的期望值是不同的，当服务人员不能满足业主的期望值时，服务人员所必须做的就是降低业主的期望值，而如何降低别人的期望值是一个重要的技巧。

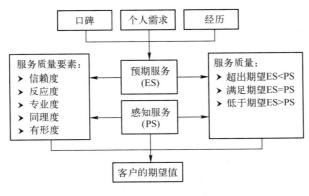

图 5-3 客户期望值

(2) 口碑

有时期望值不仅仅源于过去的经历,很多时候,业主对某件事物并没有经历,但是业主依然会有一种期望。例如,有的人可能没有开过奔驰车,但对奔驰车依然会有一个期望值;有的人没有买过别墅,但也会有一种期望值。这些期望值的产生就是由于口碑的传递。对于服务人员来说,服务当中的重要技巧就是如何给业主一个现实、合理的期望值,这样才能较现实地满足业主。

(3) 个人需求

由于每一个人的个性不同,为人处世的方式不同,从而导致部分人对个人需求的期望值上升。很多卖手机的专卖店,在卖完手机之后都会很明确地告诉客户,如果您的手机有质量问题,我们3天之内可以退货;如果没有质量问题,您可以调货,但是不能够退货。手机专卖店对每一个客户都做出这样的承诺,但是有没有人来退货呢?照样有人退。也许客户就是看到别的地方卖得比这里便宜,就想退。很多人在来退货之前,就已经知道不能退货,可他还是照来不误。像手机专卖店出现的这种情况,就是由于个人需求而导致期望值上升。

在物业管理中,很多物业管理公司拼命提高服务质量,却得不到应有的回报,问题就出在业主的期望值水平上。因为当对方没有得到你的承诺时,他不会心存希望,更不会毫无价值地焦急等待,自然也就不会有失望。相反,企业如果有承诺,无疑是在业主心里播下了希望的种子。此时,业主可能会拒绝外界的其他诱惑,一心指望企业的承诺能得以兑现,结果很可能打乱他已经制订的计划,或者延误他寻求外援的机会,一旦企业给他的希望落空,那将是扼杀了他的希望。因此,企业的形象就会大跌,业主因企业不能信守承诺而不相信企业了,也不愿再与这样的企业共事打交道,最终可能导致企业破产。

【案例思考】

以前,业主王先生家的下水道清掏时间每次在40分钟左右,费用大概为20元。所以,只要价格不超过20元,王先生都会感到比较满意。即在清掏下水道这件事情上,王先生的期望值是每次时间40分钟、价格20元。但是,今天王先生选择物业公司进行清理,物业公司用了 20 分钟，价格 10 元钱。因此无论时间上还是价格上都超出了王先生的期望值。

请思考

1. 如果王先生下次再清掏下水道，他对维修时间和价格的期望值是多少呢？
2. 请分析王先生产生期望值变化的原因。

2. 服务满意度

服务满意度是业主对服务人员所提供服务的满意程度。业主的服务满意度的衡量标准是预期的服务和感知的服务之间的差距，业主的服务满意度是通过业主对服务的预期和对服务的感知进行比较后而产生的。

业主对服务的预期是指业主对服务的预测值，即业主在接受服务之前所期望得到的服务。业主对服务的感知是指业主实际接受到的服务。

服务满意度的决定性因素是业主对服务质量的感知。按照确定和不确定理论，在业主接受服务之前，对其表现出一定的期望；在接受服务过程中，业主对绩效产生感知；在接受服务后，业主将服务预期和感觉中的绩效进行比较，并产生 3 种心态，即失望、满足和惊喜。如果感知服务绩效落入理想的预期，继而适当服务期望之间的容忍区域，则业主感到满足；如果感知服务绩效超出理想服务期望，则业主产生惊喜感；如果感知服务绩效低于适当服务期望，则业主感到失望，如图 5-4 所示，也可以用公式"满意度=服务水平/期望值"来表示。

图 5-4　服务满意度的 3 种情况

【案例思考】

怎么都知道我不会倒车？

有位保安在巡逻时，看到一位业主倒车半天倒不进车位，估计她是刚学会开车，技术不熟练，遂上前指挥。从这天起，只要这位业主一到家，就发现有一名保安在车位等她，并指挥她倒车，初以为偶然，后来发现次次如此。于是这位业主很诧异向他询问，这位保安回答：第一次指挥您倒车的那位保安已经通过保安部，把这件事变作了内部工作的一个"规定动作"，所以当您的车进入大门时，大门的保安马上就会通知巡逻的保安，所以不仅有人指挥您倒车,还可以在那儿等您……原来是这样!

请思考
1. 请问案例中的业主对物业服务是否满意?
2. 请分析产生这种较高服务满意度的原因。

【补充阅读材料】

心理学中的冷热水效应

现有一杯温水,保持其温度不变,另有一杯冷水、一杯热水。当先将手放到冷水中,再放到温水中,会感到温水热;当先将手放到热水中,再放到温水中,会感到温水凉。同一杯温水,出现了两种不同的感觉,这就是冷热水效应。这种现象的出现,是因为人人心里都有一杆秤,只不过是秤砣并不一致、也不固定。随着心理的变化,秤砣也在变化。当秤砣变小时,它所称出的物体重量就大;当秤砣变大时,它所称出的物体重量就小。人们对事物的感知,就是受这秤砣的影响。在人际交往中,要善于运用这种冷热水效应。

一、运用冷热水效应去获得对方好评

人处世上,难免有事业滑坡的时候,难免有不小心伤害他人的时候,难免有需要对他人进行批评指责的时候。在这些时候,假若处理不当,就会降低自己在他人心目中的形象。如果巧妙运用冷热水效应,不但不会降低自己的形象,反而会获得他人一个好的评价。当事业上滑坡的时候,不妨预先把最糟糕的事态委婉地告诉别人,以后即使失败也可立于不败之地;当不小心伤害他人的时候,道歉不妨超过应有的限度,这样不但可以显示出你的诚意,而且会收到化干戈为玉帛的效果;当要说令人不快的话语时,不妨事先声明,这样就不会引起他人的反感,使他人体会到你的用心良苦。这些运用冷热水效应的举动,实质上就是先通过"伏笔",使对方心中的"秤砣"变小,如此一来,它"称出的物体重量"也就大了。

平日里蔡女士很少演讲。有一次迫不得已,她对一群学者、评论家进行演说。她的开场白是:"我是一个普普通通的家庭妇女,自然不会说出精彩绝伦的话语,因此恳请各位专家对我的发言不要笑话……"经她这么一说,听众心中的"秤砣"变小了,许多开始对她怀疑的人,也在专心听讲了。她简单朴实的演说完成后,台下的学者、评论家们感到好极了。他们认为,她的演说达到了极高的水平。对于蔡女士的成功演讲,他们报以热烈的掌声。

当一个人不能直接端给他人一盆"热水"时,不妨先端给他人一盆"冷水",再端给他人一盆"温水"。这样的话,这人的这盆"温水"同样会获得他人的一个良好评价。

二、运用冷热水效应去促使对方同意

鲁迅先生说:"如果有人提议在房子墙壁上开个窗口,势必会遭到众人的反对,窗口肯

定开不成。可是如果提议把房顶扒掉，众人则会相应退让，同意开个窗口。"鲁迅先生的精辟论述，谈的就是运用冷热水效应去促使对方同意。当提议"把房顶扒掉"时，对方心中的"秤砣"就变小了，对于"墙壁上开个窗口"这个劝说目标，就会顺利答应了。冷热水效应可以用来劝说他人，如果你想让对方接受"一盆温水"，为了不使他拒绝，不妨先让他试试"冷水"的滋味，再将"温水"端上。如此，他就会欣然接受了。

某化妆品销售公司的严经理，因工作的需要，打算让家居市区的推销员小王去近郊区的分公司工作。在找小王谈话时，严经理说："经公司研究，决定让你去担任新的重要工作。有两个地方，你任选一个。一个是在远郊区的分公司，一个是在近郊区的分公司。"小王虽然不愿离开已经十分熟悉的市区，但也只好在远郊区和近郊区当中选择一个稍好点的近郊区。小王的选择，恰恰与公司的安排不谋而合。而且，严经理并没有多费多少唇舌，小王也认为选择了一项比较理想的工作岗位，双方满意，问题解决。在这个事例中，"远郊区"的出现，缩小了小王心中的"秤砣"，从而使小王顺利地接受去近郊区工作的决定。严经理的这种做法，虽然给人一种玩弄权术的感觉，但如果是从大局考虑，并且对小王本人负责，这种做法也是应该提倡的。

三、运用冷热水效应去激起对方高兴

一位哲人看见一位生活贫困的朋友整天愁肠百转，一脸苦相，他就想出了一个办法让他快乐起来。他对这位朋友说："你愿意不愿意离开你的妻子？愿意不愿意丢弃你的孩子？愿意不愿意拆掉你的破房？"朋友一一回答"不"。哲人说："对啊！你应该庆幸你有一位默契的伴侣，庆幸有一个可爱的后代，庆幸有一间温暖的旧屋，你应该为此高兴啊！"于是，这位朋友的愁苦脱离了眉梢，忧郁离开了额头。在这个寓言式的故事里，哲人运用冷热水效应，缩小了朋友心中的"秤砣"，从而使他对自己的拮据生活感到快乐。一个人快乐不快乐，通常不是由客观的优劣决定的，而是由自己的心态、情绪等决定的。运用冷热水效应，可以使一个人从困难、挫折、不幸中挖掘出新的快乐来。

一次，一架民航客机即将着陆时，机上乘客忽然被通知，由于机场拥挤，无法降落，预计到达时间要推迟1个小时。顿时，机舱里一片抱怨之声，乘客们在等待着渡过这难熬的时间。几分钟后，乘务员宣布，再过30分钟，飞机就会安全降落，乘客们如释重负地松了口气。又过了5分钟，广播里说，现在飞机就要降落了。虽然晚了十几分钟，乘客们却喜出望外，纷纷拍手相庆。在这个事例中，机组人员无意之中运用了冷热水效应，首先使乘客心中的"秤砣"变小，当飞机降落后，对晚点这个事实，乘客们不但不厌烦，反而异常兴奋了。

假若首先让对方尝尝"冷水"的滋味，就会使他心中的"秤砣"得以缩小，因此他会对获得的"温水"感到高兴。在人际交往中，如果让对方在关键时刻甚至平常日子里高高兴兴，还有什么事办不成，还有什么样的硬仗打不赢呢？

综上所述，冷热水效应在人际交往中，通过使他人心中的"秤砣"变小，发挥着三大作用（获得对方好评、促使对方同意、激起对方高兴），但如果使对方心中的"秤砣"变大，就会出现三大负作用了。人与人交往，应尽量避免这些负作用的出现。一个人只有保持心中的"秤砣"合情合理，前后一致，才能正确地评价自身和外在的事物。

(三) 服务价值

1. 服务价值概述

服务价值是指伴随产品实体的出售，企业向客户提供的各种附加服务，包括产品介绍、送货、安装、调试、维修、技术培训、产品保证等所产生的价值。服务价值是构成客户总价值的重要因素之一。在现代管理活动中，随着国民收入水平的提高和观念的变化，在选购产品或接受服务时，不仅注意产品本身价值的高低，而且更加重视产品附加价值的大小。特别是在同类产品质量与性质大体相同或类似的情况下，企业向客户提供的附加服务越完备，产品的附加价值越大，客户从中获得的实际利益就越大，从而购买的总价值也越大；反之，则越小。因此，在提供优质产品的同时，向消费者提供完善的服务，已成为现代企业市场竞争的新焦点。

对物业服务企业而言，业主的价值应该通过其服务价值表现出来，当物业服务带给业主的收益超出购买它的成本时，业主即获得价值，就会对服务表示满意。如何判断业主的成本，首先要满足业主的需求；其次要了解业主对服务的预期，业主在要求物业服务企业为他们服务时都有一个对服务的期望值，他们在接受物业服务企业的服务时会用这个期望值与其所获得服务感受的实际值相比较。当实际值大于或等于期望值时，他们会对服务结果表示满意；反之，则会不满意。因此，物业服务企业不断提高服务价值是确保业主对物业服务需求满意度的充分必要条件。而这个服务价值不是一个确切的数值，是业主从物业管理企业那里获得的收益，是业主对服务的总体感受。服务价值对参与物业管理活动的业主和物业管理企业发挥重要的积极作用。

2. 影响服务价值的因素

影响服务价值的因素包括为客户创造的服务效用、服务结果、服务过程的质量、服务价格和客户获得服务所需的其他成本。

将这些因素用数学表达式列出，用数学公式的表述方法对服务价值与相关的因素之间的相互关系进行直观的说明，这个公式所得出的不是具体的数值，而是这些关联要素间的数学逻辑关系：

服务价值＝［为客户创造的服务效用(1+服务过程的质量)］/(服务价格+获得服务的成本)

(1) 为客户创造的服务效用

作为物业管理企业，在提供服务时，必须要清楚地知道业主需求的目的是什么，要达到什么样的结果。因为业主真正需要的是解决问题的结果，而不是服务，或者说服务是为解决问题而存在的。可以试想，有多少业主是愿意花钱聘请物业服务公司来负责物业管理工作呢，如果有办法避免的话，绝大多数的业主是不会这样做的。但是，业主之所以必须要聘请物业管理企业，其原因是在市场化的机制下，只有专业的物业服务人员为业主工作，才会使业主所购买的物业发挥作用，才能够给业主的生活、工作、学习提供必要的保障，才会使业主的投资产生收益。作为物业服务人员，在为业主提供服务时必须要搞清楚业主需要服务的目的和要求是什么。只有满足了业主的要求，达到了业主的目的这样的服务才有意义。

(2)服务过程的质量

服务过程的质量实际上就是客户在接受服务时的感受。服务业和制造业不同,大多数人对制造产品的生产过程并不在意,但对服务过程的质量却十分关心。因为他们在享受服务、购买服务时可以观察到服务,这是服务的特性所决定的。在实践中,常常接到业主投诉,有60%~80%的投诉并不是因为物业管理企业没有能力处理业主的问题,而是业主不满意问题的处理过程或方法。例如,问题处理周期过长、员工的态度不太友善等。实际上,对服务过程的质量评判标准及主动权掌握在业主手中,而不是由物业管理企业来决定的。不同的业主对服务质量有不同的标准,即服务质量是相对的而不是绝对的。值得一提的是,在服务过程中,客户和服务提供者之间是以互动接触的方式来完成服务过程的。服务过程一旦开始,当出现服务不当时是无法用"退货"和"取消"的形式重新再来的,而只能用后期弥补的方式来改善客户对服务的满意度。

(3)服务价格

服务价格是物业服务企业向业主提供物业服务过程中业主享受服务后所必须支出的物业服务费用。物业服务价格的高低是业主衡量物业服务企业的重要指标之一,也是影响服务价值的重要因素之一。物业服务企业在确定物业服务价格时要遵循合理、公开,以及与服务水平相适应的原则。在市场经济的环境下,价格是企业参与市场竞争的最基本也是最普遍的手段。但是价格的竞争是以成本为基础、以价格为手段的一种竞争。随着科学技术的进步,信息技术的普及,物业服务企业应该把价格竞争的着力点放在优化社会资源、改善组织结构、理顺工作流程、强化内部管理上,充分利用新科学、新技术努力降低物业服务的成本。这样做既保证了业主的利益,又可使物业服务企业能够得到良性的发展。而那些不顾物业服务的成本,片面地迎合部分业主希望低价格的心理,举起低价格这杆大旗参与市场竞争的物业服务企业,虽然他们的做法见效快而且成效显著,会满足企业当前发展的某些需求,但这毕竟是违背市场规律的行为。他们忽视了低价格在导致成本降低的同时,也会影响服务价值的其他关联因素,业主也不可能真正得到高质量的服务。所以,不切实际的低价格也会削弱服务价值。

(4)获得服务的成本

获得服务的成本表明客户获得服务的难易程度。在一些情况下,客户购买服务时也要付出相当的成本,甚至超过其享受服务的价格,这在实际工作中常常遇到。有时业主所支付的物业服务费用并不高,但其为了享受这次服务所付出的附加的费用并不少,如交通费、误工费,所花费的时间、精力及其他的损失费用,这些费用加起来,可能会远远超过他所支付的服务费用。

【案例思考】

发生在业主家中的电线短路

盛夏,某周六中午,一位业主家的电路突然跳闸,他马上打电话给小区物业服务中心,结果始终无人接听。他只好亲自到物业服务中心报修,却发现工作人员正在午休,好不容易等到工作人员上班，请维修人员到现场察看，发现是线路短路造成的。但究竟是何处短路要用仪器进行测量后才能确定，而仪器锁在库房里，管库房的人休假联系不到，维修人员只得通知这位业主下周一才能维修。业主也只好周一请假在家，虽然电路很快就维修好了，可由于电路是客户专用部位，属于特约服务，所以要收取服务费10元。大家可以想象业主的尴尬处境：所有的家用电器都不能用，不但要忍受高温的煎熬，还要请假在家，以及其他可能的损失，所有这些的集合就是业主获得本次服务的成本，服务的价格虽然不高但付出的成本却不小。

请思考
1. 在本案例中，该业主是否会因为物业服务费少而满意？
2. 维修人员的做法对吗？

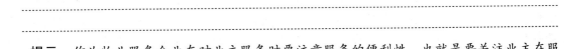

提示：作为物业服务企业在对业主服务时要注意服务的便利性，也就是要关注业主在服务时间、地点和形式等方面的需求，将业主获得服务的成本降到最低。

通过服务价值的等式，可以看到为客户创造的服务效用是非常重要的，如果物业服务不能达到业主的目的和结果，那么这种服务的价值就会非常低；而服务特征表明服务的传递过程质量（服务过程的质量）对服务价值的影响是同等重要的，它与服务价值成正比。服务价格与客户获得服务的成本也是影响服务价值的两个关键因素。[说明：价值和价格是两个不同的概念，价格不是价值的等价物，价格仅仅是价值的一部分，是影响价值的要素之一。而价值的承载物包含两部分，货币部分（价格）和非货币部分。]服务价值和服务价格与获得服务的成本成反比。但服务价格与获得服务的成本之间也存在着相互的影响。一般而言，获得的服务成本越低也就是客户容易得到服务，则服务的价格就会高一些，而这一点也往往易于被客户接受。因此，物业管理企业可以通过业主对服务便利性的感受而降低其对价格的敏感度，并且保持较高的服务价值。业主往往对物业管理服务的需求千差万别，他们经常愿意为特定的服务支付相差悬殊的价格，这就取决于在特定时间和地点中服务对于业主的重要性。服务价格与业主获得服务成本之间的关系对物业管理企业为业主创造价值具有重要的意义，如果物业管理企业能够设法降低业主获得服务的成本，并让业主认识到这一努力的价值，那么物业管理企业就可以为自己的服务制定较高的价格。

通过服务价值等式，可明确影响客户对服务价值的评判因素。物业服务企业应在经营活动中，要充分考虑公式中每一个重要因素对业主需求的单独影响和关联影响。过分片面地追求某一个因素而忽略其他因素的做法是不可能产生高服务价值的。当然，利用服务价值等式发现物业服务企业工作的薄弱环节，从而加以改进则另当别论。物业服务企业应认识到影响服务价格的这些因素之间也是相互关联、相互作用和相互影响的。例如，要想服务的结果完美，服务过程的质量高，业主获得服务的便利性好，物业服务企业就要有高素质的员工、优良的设备、完善的管理措施等。要达到这些要求，企业就必须有较高的投入，只有这样才会带来服务价格的提高，而其中每一个因素的跌涨起伏又会影响到服务价值的变化。因此，物业管理企业要结合企业自身的特点，综合考虑影响服务价值的关联因素，找到最优点，使服务价值最大化。

（资料来源：http://blog.sina.com.cn/s/blog_ 4fdad4420100gulh.html）

三、促进物业服务感知的策略

（一）服务接触策略

服务接触的每个瞬间对业主的感知都是非常关键的。因此，物业服务企业必须管理好服务接触的每一个环节，达到"零失误"或业主100%满意的目标。为了达到这个目标，首先，要清晰地确定和记录物业服务企业与业主之间所有的接触点；其次，要了解业主对每一个接触点的服务期望；再次，要根据业主对每一接触点的期望，设计相应的服务接触技巧，如补救性技巧、适应性技巧、自创性技巧和问题业主处理技巧；最后，要根据服务质量的五个层面（即有形度、同理度、专业度、信赖度和反应度）对每一个接触点的接触技巧进行审核管理。

（二）服务人员、服务过程和服务有形提示策略

服务人员、服务过程和服务有形提示对业主的感知具有直接的影响。因此，物业服务企业可以通过服务人员、服务过程和服务有形提示来促进业主的感知。服务人员、服务过程和服务有形提示的管理应同服务接触点的管理整合起来。

（三）物业服务企业形象策略

增强物业服务企业的形象也能促进业主对服务的感知，物业服务企业的形象影响业主的服务感知。形象是指物业服务企业的理念和行为在业主心目中留下的印象或记忆。增强物业服务企业形象就是要讲"真善美"，其中"真"是关键。物业服务企业为树立形象，可以通过广告、人员推销、公关活动和宣传报道等方式进行，但做广告、人员推销、公共宣传等沟通都要真实，避免作出过度的承诺。另外，物业服务企业的形象更多的是通过业主在服务消费过程中，每个关键时刻的体验点点滴滴积累起来的。因此，物业服务企业要加强对服务环境、服务接触细节、服务人员的技能和态度、服务流程这些服务体验要素的管理，尽量通过业主的真实体验来树立自己的形象。

（四）服务定价策略

服务价格是影响业主价值感知的关键因素，又是同服务接触、服务人员、服务过程和有形实据，以及服务沟通的成本紧密联系的因素。业主将价格作为质量的线索，这就要求物业服务企业必须谨慎制定服务价格。定价过低会导致业主对服务质量水平产生怀疑；定价过高会形成在服务过程中难以达到的期望。因此，物业服务企业怎样通过调节业主的期望进而促

进业主的感知，同时又能收回成本，这是定价策略要解决的核心问题。

【复习思考题】

1. 简述业主感知的基本层次。
2. 简述业主感知的内容及影响因素。
3. 服务接触的方式和技巧是什么？
4. 感知服务质量由哪些要素构成？
5. 在物业管理活动中，如何提高业主满意度？
6. 降低业主期望值的技巧有哪些？
7. 在物业管理活动中，如何促进服务感知？

项目六　业主的心理需求与服务

【学习目标】

能力目标

能熟悉运用业主心理需求特点及发展变化特征的相关知识，在物业管理活动中，有针对性地对业主进行服务与管理，使业主满意度最高。

知识目标

了解马斯洛的需要层次理论；掌握业主心理需求特点、发展变化特征；重点掌握物业服务心理策略。

【案例引入】

业主拒缴分摊的电费

某业主是一位律师，她对楼梯间的路灯分摊电费增加 5 分钱表示不满意。当物业上门收缴该费用时，她不但拒绝缴纳，还写了一封信给当地政府部门。一封挂号信 1.5 元，加上信纸的费用和写信的时间，这封信的成本是够高的。按说这些费用可以分摊若干次电费，可她为什么非要这样做呢？

请思考

1. 该业主为何拒绝缴纳分摊的电费？
2. 该业主处于哪一需求层次上？
3. 如何满足这一层次的心理需求？

物业管理属于服务性行业，因此物业服务企业有必要维护好与业主的关系，能否满足业主的心理需求、提高业主满意度，将直接影响物业服务企业现在的生存与未来的发展。满足业主心理需求就要抓住业主心理，实际上是对业主进行一种心理服务。心理服务是"软件"，是通过人际交往而产生的。

一、马斯洛的需求层次理论

需求层次理论（Need-hierarchy theory）是解释人格的重要理论，也是解释动机的重要理论，于1943年由美国著名犹太裔人本主义心理学家亚伯拉罕·马斯洛（Abraham Maslow）提出，其提出个体成长的内在动力是动机。他认为，动机是由多种不同层次与性质的需求所组成的，而各种需求间有高低层次与顺序之分，每个层次的需求与满足的程度，将决定个体的人格发展境界。需求层次理论将人的需求由低到高划分为五个层次，并分别提出激励措施。其中底部的四种需求（生理需求、安全需求、社交需求、尊重需求）可称为缺乏型需求，只有在满足了这些需要，个体才能感到基本上舒适。顶部的需求（自我实现需求）可称为成长型需求，因为它们主要是为了个体的成长与发展。

马斯洛的需求层次理论如图6-1所示。

1. 生理需求

生理需求级别最低，如食物、水、空气、性欲、健康等。缺乏生理需求的特征是除了只想让自己活下去，什么都不想，思考能力、道德观明显变得脆弱。例如，当一个人极需要食物时，会不择手段地抢夺食物。以生理需求来激励下属时，其假设是人为报酬而工作。

激励措施：增加工资，改善劳动条件，给予更多的业余时间和工间休息，提高福利待遇。

图6-1 马斯洛的需求层次理论

2. 安全需求

安全需求同样属于低级别的需求，如人身安全、生活稳定，以及免遭痛苦、威胁或疾病等。缺乏安全感的特征是感到自己受到身边事物的威胁，觉得这世界是不公平的或是危险的，认为一切事物都是危险的，紧张、彷徨不安，认为一切事物都是恶的。例如，一个孩子在学校被同学欺负、受到老师不公平的对待，而开始变得不相信社会，变得不敢表现自己、不敢拥有社交生活（因为他认为社交是危险的），而借此来保护自身安全。一个成人因工作不顺利，薪水微薄，养不起家人，而变得自暴自弃，每天利用喝酒、吸烟来寻找短暂的安逸感。

激励措施：强调规章制度、职业保障、福利待遇，并保护员工不致失业，提供医疗保险、失业保险和退休福利，避免员工收到双重的指令而混乱。

3. 社交需求

社交需求属于较高层次的需求，如对友谊、爱情及隶属关系的需求。缺乏社交需求的特征是由于没有感受到身边人的关怀，而认为自己没有价值活在这世界上。这些需求如果得不到满足，会影响员工的精神，导致高缺勤率、低生产率、对工作不满和情绪低落。例如，一个没有受到父母关怀的青少年，认为自己在家庭中没有价值，所以在学校交朋友时，无视道德观，不能理性地寻找朋友。

激励措施：提供同事间社交往来机会，支持与赞许员工寻找并建立和谐温馨的人际关系，开展有组织的体育比赛和集体聚会。

4. 尊重需求

尊重需求属于较高层次的需求，如成就、名声、地位和晋升机会等。尊重需求既包括对成就或自我价值的个人感觉，也包括他人对自己的认可与尊重。缺乏尊重需求的特征是变得很爱面子，或者是很积极地用行动来让别人认同自己，也很容易被虚荣所吸引。例如，利用暴力来证明自己的强悍；通过努力读书让自己成为医生、律师来证明自己在这个社会的存在和价值；富豪为了自己名利而赚钱或捐款。

激励措施：公开奖励和表扬，强调工作任务的艰巨性及成功所需要的高超技巧，颁发荣誉奖章、在公司刊物刊登表扬文章、优秀员工光荣榜等。

5. 自我实现需求

自我实现需求是最高层次的需求，是针对真善美至高人生境界获得的需求，具体包括认知、审美、创造、发挥潜能的需要等。在前面各低层次四项需求都能满足，最高层次的需求方能相继产生，是一种衍生性需求。缺乏自我实现需求的特征是觉得自己的生活被空虚感推动着，要自己去做一些身为一个人应该在这世上做的事（使命感），非常需要有让他能更充实自己的事物，尤其是让一个人深刻地体验到自己没有白活在这世界上的事物，开始认为，价值观、道德观胜过金钱、爱人、尊重和社会的偏见。例如，一个真心为了帮助他人而捐款的人；一位武术家、运动员把自己的体能练到极致，让自己成为世界一流或是单纯只为了超越自己；一位企业家，真心认为自己所经营的事业能为社会带来价值，而为了比昨天更好而工作。

激励措施：设计工作时运用复杂情况的适应策略，给有特长的人委派特别任务，在设计工作和执行计划时为下级留有余地。

一般来说，这五种需求像阶梯一样，从低到高。低一层次的需求获得满足后，就会向高一层次的需求发展。只有在较低层次的需求得到满足之后，较高层次的需求才会有足够的活力驱动行为。已经满足的需求，不再是激励因素。这五种需求不是每个人都能满足的，越是靠近顶部的成长型需求，满足的百分比越少。同一时期，个体可能同时存在多种需求，因为人的行为往往是受多种需求支配的。每一个时期总有一种需求占支配地位。满足较高层次需求的途径多于满足较低层次需求的途径。

二、业主心理需求的特点

（一）业主对物业常规管理心理需求的特点

业主的心理需求分析包括自我的认知、彼此的感情和各自的行为。在物业管理过程中，不同类型的业主有着不同层次的心理需求，有的业主需要生理上的，有的业主需要安全上的，有些业主需要精神上的，等等。因此，物业服务企业需要尽可能地创造条件满足各类业主的不同需求。只有这样，才能减少业主与业主，业主与物业服务企业之间的纠纷，这样既有利于小区或物业区域内的和谐，又有利于物业服务企业的管理工作。

于志涛（2023）对中高档小区500多名业主的心理需求进行了网络调查，业主对六项基本需求的重视程度依次为：保洁绿化需求、保安消防及交通管理需求、维修服务需求、业主接待需求、综合服务需求及特约服务需求。其调查结果如图6-2所示。

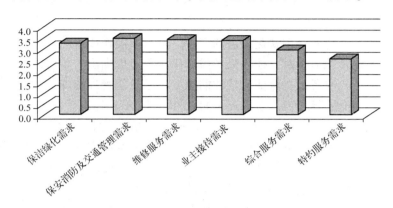

图6-2 物业管理常规活动中业主的需求排序

六项基本需求的具体内容如下。

① 保洁绿化需求：包括小区内道路/公共区域的清洁卫生；电梯、走廊、楼梯、墙面、玻璃等的清洁；小区/大楼的垃圾清运和管理；小区/大楼的绿化养护（含灭虫洒药）。

② 保安消防及交通管理需求：包括小区/大楼整体安全状况；小区出入口管理、人车分流管理；消防保安设施的完好；小区标识识别系统；保安人员的服务态度。

③ 维修服务需求：包括小区公共设施（含电梯）管理情况，小区/楼内公共照明完好情况，报修处理及时，维修人员的服务态度，维修人员操作规范，报修项目收费的合理性。

④ 业主接待需求：包括物业公司的接待时间安排，接待人员的服务态度，接待人员的工作效率，物业公司业务受理场所，物业管理公司公开办事制度。

⑤ 综合服务需求：包括小区内有便捷的购物场所；小区内设立幼儿园、小学等教育机构；体育健身场所及设施；小区内设立正规医疗卫生机构；社区文体活动组织。

⑥ 特约服务需求：包括车、船、机票代订代购；电气等费用代收代缴；家政服务管理；其他委托服务等。

（二）业主对物业的消费心态

1. 质价相符型

质价相符型业主一般来说对物业管理的消费意识较强，市场化消费观念较为成熟，对物业管理包括物业服务企业的组织运作有一定的认识,因而能够根据等值交易、质价相符的原则进行物业管理消费,以平和的心态接受、配合并支持物业服务企业提供的管理与服务。从深层次上,持此心态进行消费是业主及物业使用人对自己、对自己拥有或使用的物业,以及对物业公共产权负责任的一种消费行为。因为对任何企业来说,丧失了合理的利润空间,不仅意味着企业的生存难续,更意味着企业产品的质量得不到应有的保障。这无论是对企业还是消费者,都不是一件好事。

2. 超值享受型

超值享受型业主对物业管理缺乏应有的了解,对企业运作成本与产品质量之间的内在关系认识不足,在物业管理消费时,往往只考虑享用,不考虑支出,希望以较低的费用支出来享受超值豪华的服务,或者是在保证质量的前提下,尽量使管理费降至最低。这类业主不但要求物业服务企业"包打天下",而且还要打出个"好天下"来。例如,某小规模住宅区(区内仅有两栋九层带电梯住宅)的业主以2.2元/(平方米·月)的管理收费标准引进一家物业服务企业进驻管理小区。根据当地物业管理收费水平及小区物业的实际状况,这一定价已经是最低标准。但业主除提出管理质量要达到最优外,还要求该企业在小区内建会所,利用小区有限的空地挖掘游泳池供小区居民休闲健身使用,费用在管理费中开支。结果未等合约签订,双方交易即已告吹。在物业管理的早期,过分强调物业管理的一体化,在客观上也误导了人们对物业管理正确消费观念的形成。

3. 跟搭便车型

跟搭便车型业主在物业管理消费中为数甚众,他们往往出于一种"贪小便宜"的心理,或者是故意提出物业管理提供者难以满足或一时无法解决的要求,或者是对物业管理不满,但又不采取积极沟通、协调的态度来督促物业服务企业加以改进、解决,而是以此为借口或理由来达到拒缴管理费、跟搭顺风车的目的。这类业主从表面看来是"成功"地"钻"了物业管理消费公众性的"空子",而实际上,这种搭便车的"消费"方式是建立在对其他消费者的利益形成损害的基础上的。一方面,搭便车"消费"的人越多,物业管理与服务的质量就越难以保障,情况严重者,还会导致物业管理与服务的无奈终止,这无疑损害了其他消费者的利益;另一方面,搭便车"消费"的人在不支付任何费用的情况下同样享用了别人正常缴费才能享受的服务,这对正常缴费的消费者来说是不公平的。

4. 霸王无赖型

霸王无赖型业主有以下几种情形:①对物业管理消费者与物业服务企业之间平等的民事主体关系缺乏认识,把物业服务企业视作"保姆"或"佣人",认为自己付了费,对物业管理人员就可以任意训斥、打骂;②找出种种借口或理由,有意刁难物业管理人员,拒缴管理费或其他相关费用;③不提交任何不缴费的理由,对物业管理人员的劝解不理不睬,强吃霸王餐。

5. 消极抗议型

在物业管理中，有部分业主由于物业服务企业服务质量差，物业服务企业作为房地产开发商的代言人侵害业主权益，业主委员会违规操作、出卖业主利益谋取私利等原因，或者是提出合理的意见、建议而不被采纳，或者是作为弱势群体道义无法伸张，或者是见怪不怪自认倒霉，不得已只好采取拒缴管理费的方式以示抗议。对此类业主来说，拒缴管理费只是一种手段而非目的。

三、业主的心理需求变化与发展

影响业主心理需求的因素有很多，业主的社会地位、年龄、性别、职业等都与业主的心理需求有很大的关系。就业主的社会地位而言，虽然大家都住在同一个小区或是物业区域内，由于业主来自不同的地方，身份地位可能不尽相同。例如，公务员、教师、商人、退休干部、工人等，虽然同为小区的业主，但是由于职业的不同，对问题的理解方式、解决方式及对问题解决的满意度都是不同的。因此，物业服务企业务必要根据各自的实际情况来分析不同业主的心理需求。

（一）业主购房时的心理

业主在购房时，存在两种期望：理性期望心理和非理性期望心理。

1. 理性期望心理

理性期望心理是指所有业主共同期望得到并且受到法律明文保护的那些满足基本工作生活需求的期望与要求。例如，符合国家规范的建筑质量、满足正常需要的公共设施设备、尽心尽责的保安服务、清洁卫生的保洁服务等。当理性期望心理无法满足时，业主满意程度就会下降，出现投诉。投诉无论是指向开发商还是物业服务企业，都是必须予以满足的基本要求。

2. 非理性期望心理

非理性期望心理是指业主希望通过购买物业服务得到除基本工作生活条件以外的精神和心理满足。例如，社会地位的提高、身份的标示、财富的显示、生活的休闲放松、音乐运动等个人爱好的满足。非理性期望心理来源于业主对自身未来工作、生活的幸福幻想，因开发商对物业项目的美好描述而得到加强和固定。绝大多数业主都会带有对物业项目的这种期望，必然会产生失落心理，进而将不满转移到物业服务企业身上，尤其是与开发商存在关联的物业服务企业。而且，由于这种不满是一种潜在的不满，通常不会以明确的投诉事项表现出来。这些原因往往是因为业主的非理性期望心理没有得到满足。因此，物业服务企业必须认真研究业主的非理性期望心理，不断提高业主满意度。

（二）准业主的心理需求变化

在物业管理中，按照物业管理工作开展的时间段，业主满意程度的发展变化大致可以分为以下两个阶段。

1. 前期物业管理阶段

从业主入住到部分业主装修结束，业主与物业服务企业双方处于磨合期。由于物业服务企业对业主违规装修行为进行劝阻、制止，任何一件装修期间的小事既有可能使业主满意程度大幅提升，也有可能导致完全相反的结果。同一个业主既可能在几天前对物业服务企业很满意，也有可能在几天后满腹牢骚，所以在此期间业主很难有良好的满意度。

2. 后期物业管理阶段

从大部分业主入住开始，随着物业服务企业的各项日常工作和业主的日常生活都步入正轨，继而与业主委员会签订物业服务合同，物业服务企业针对业主的意见、建议、抱怨和投诉的各项调整措施逐步落实，业主的满意程度也同时进入了稳定提升时期。

因具体情况的不同，业主也将或早或晚对物业服务企业的各种管理服务工作习以为常，对物业服务企业改进措施的敏感程度越来越低，业主满意程度出现下降，由此进入业主满意程度的"麻木期"。这一时期，对物业服务企业是一个重要考验。业主极有可能因为一些偶发事件导致对物业服务企业的评价大幅降低。

（三）业主需求的时代特征

业主的需求随时代的发展变化也会产生相应的变化。业主对物业的需求也由最原始的"住"逐步转化为多方面、多层次的需求格局。目前有以下三种比较流行需求倾向。

1. 物业消费与工作方式统一

工作是人们必须面对的一种获取生活来源的途径。因此，人们在选择物业时要考虑物业提供的服务能否与其工作方式或工作时间相匹配。比如说，物业能够提供网络服务来解决其工作时间与物业服务时间不吻合问题。

2. 物业消费与家庭生活统一

随着现代社会的快节奏发展，人们会将更多的经历投入到工作中，因此，作为后方阵营的"家"有更多的人认同可由物业服务企业来进行打理。那么消费者对于物业服务的需求也不仅仅停留在雪中送炭这样的层次了，而要求物业服务能够锦上添花。对于物业服务企业而言，什么是锦上添花呢？比如说提供看护小孩；护理老人、病人；洗衣烫衣服务。这就要求物业服务企业更好地去研究业主的需求。

3. 物业消费与休闲娱乐统一

随着消费水平的不断升级，人们对情感、体验性需求越来越强烈。单靠物业服务企业本身的服务产品已经不能满足顾客的需求，物业服务企业也没有能力去挖掘和提供业主深层次的需求；这就需要物业服务企业作为一个专项服务的集成商，充分利用各种社会资源，给业主提供其所需求的休闲娱乐设施及其服务。

四、业主不满的类型

分析业主对物业服务企业的不满,基本包括以下两种类型。

① 由于入住后小区的整体环境与业主购房时的期望值差距太大,因而存在失落心理,导致业主满意度无法进一步提高。业主对购置的物业项目和物业管理的期望均产生于购房之初。当业主对自身未来工作、生活的幸福幻想与开发商对物业项目的美好描述基本吻合时,业主的购房冲动便会落实为购房行动。但如果业主入住之后的实际感受与其期望状况相去甚远,则业主仍会在物业服务企业没有明显失误的情况下产生较大的不满情绪。此类业主对物业服务企业的日常工作没有明确不满,不存在大量明确投诉,所以也最令物业服务企业难以把握工作改进和调整的方向。物业服务企业往往感觉自己的工作已经非常努力,可是仍旧无法取得业主的欢心和积极回应。

② 对物业服务企业日常工作有明确不满事项,包括对保安、保洁、公共设施设备维修保或客服、财务收支等。例如,认为保洁清扫有死角、财务收支不透明、设施设备运行不畅、会所管理混乱等。此类不满多见于磨合期、提升期,因为有明确的不满事项甚至有明确投诉,物业服务企业在工作中可以作出明确的调整或改进措施,往往能够得到较快解决。而进入业主满意度的麻木期后,此类不满或投诉明显减少,物业服务企业如果仍旧将注意力集中于相关日常工作的调整或改进上,则对于进一步提高和巩固业主满意度的效果不明显。

五、业主心理需求与物业服务

人的需求是有层次的,而和人的生活息息相关的物业管理也对应着人的需求层次,表现出自身的层次性,因此物业公司要全面把握小区业主的心理需求层次。

(一)满足业主不同的心理需求层次

1. 满足业主生理需求

居住是业主对房屋的第一需求。人类要生存、要生活、要餐饮睡眠、要卫生清洁、要生儿育女,还有防盗、防风、防雨等生活需求。这些需求可通过物业服务企业的管理服务来实现,使业主有一个安全感、舒适感和安居乐业的氛围,以充分体现物业小区祥和、融乐的居住功能。

2. 满足业主生活需求

业主定居以后,需要消费。物业服务企业要为业主提供多项目、多层次的消费服务。例如,教育方面的托儿所、幼儿园、小学、中学、医疗、保健等;商业方面的饭店、饮食店、食品店、粮店、百货店、菜场等;文体方面的图书馆、游泳池、健身房、棋类活动室等;其他方面，包括银行、邮局、家电维修等生活需求。物业服务企业为业主提供全方位的管理服务，满足业主的需求，充分体现物业小区的服务功能。

3. 满足业主爱和归属需求

物业服务企业要精心为业主营造一个优美、舒适的居住环境，以提高生活情操；要提供多种公共服务设施和娱乐休闲、交往及私密活动场所，以调节情趣；使业主得到精神上的最大享受和心理上的最大满足。让业主以住宅小区为依托，开展各类有益活动，发挥各自的专长和才智，展示自己的美学观和个性追求，以联络友谊、沟通感情，充分体现物业小区的社会功能。

4. 满足业主发展需求

小区内聚集着各种社会实体、经济实体、文教实体、商业实体、金融实体等。物业服务企业要适应各类业主需求，提供各类业主所需的服务。特别是要为具有发展需求的各类实体业主提供包括人际沟通和安静适宜的阅读、学习、工作、交往的场所，以吸引更多的房屋租购户，促进房屋的销售和租售活动，拉动小区内业主对消费的投入，活跃小区的经济环境，充分体现物业小区的经济功能。

【案例思考】

那天的婚礼

那是个秋季的周末，阳光明媚，湛蓝的天空给人一份好心情。上午9点30分，某花园小区门岗保安员突然报告，有二十几辆挂着彩带的轿车要求进入小区，并要求车队中间不能被隔断以保持队形，否则风水先生说是不祥和的，预示着将来的婚姻不美满。物业服务中心值班人员立即前往现场。婚礼司仪口气强硬地要求立即放入迎亲车队，并要在北区3号楼前整队停放1个半小时；接走新娘后整队驶出小区时同样不能隔断。

值班人员了解到情况以后，立即叫来保安主管商量解决之策。这家业主做事很马虎，也很霸气，张罗这等大喜事也不事先来物业服务中心打个招呼说明情况，这给小区的日常管理带来很多麻烦……

请思考

1. 如果你是物业服务人员，会怎么做？
2. 这样做的理由是什么？

(二) 业主拒绝缴纳物业费的心理分析

物业费的收缴，关系到物业企业的生存与发展，但是总是存在一些业主以工作忙、没有时间、在外地、物业服务不到位、配套设施不健全等为理由拒绝缴纳物业费。给物业管理工作带来了重重困难，甚至已经成为了物业服务企业的心病。那么业主为什么不缴纳物业费呢？

1. 物超所值、物无所值

业主认为物业服务企业向业主提供的服务与向业主收取的管理费不成正比。在提供物业服务过程中，由于服务和需求之间的脱钩，使部分业主认为物业服务企业提供的服务"物无所值"就以拒交物业费来表示心中的不满。也有一些物业管理公司确实不在管理服务上下功夫，其管理和服务已经无法满足业主的需求，仍"不思进取"加以改进，但物业费却照收不误，直至激起民愤拒交物业费。

2. 业主对物业管理的认识不够

由于物业管理服务具有广泛性，服务的对象是一个物业区域内的全体业主而不是某一家、某一户，物业公司不会因为少数业主不交物业服务费就停止服务活动，所以一些贪图小利的业主就"逃费""躲费"，他们不交费，仍然可以享受到和其他业主一样的服务，这样很容易使更多的业主效仿他们的做法，长此以往就会形成这样的恶性循环：业主欠费—物业公司亏损—服务质量下降—业主长期拒交费。认识不够还体现在一些旧的公房和房改房小区，很多人住了一辈子房都没交过物业费，现在搬进新房要缴纳如此多的费用，很多人无法接受，无法接受就不交。有的回迁户甚至出现多年不交物业费的情况。业主对物业管理服务了解甚少，不能从全局理解物业管理是有偿服务行为，对物业管理的熟悉只是停留在理论的层面上。少数业主甚至认为：物业服务企业的工作除了保洁、保安、绿化外，自己的房屋（物业）存在的一切问题，包括建筑的质量问题，也全部应由物业服务企业负责。所以，一旦房屋出现建筑质量问题，就将责任全部推到物业服务企业身上，并以此作为有力的"借口"，进而少交、欠交物业费。他们不清楚有的问题是由开发商、施工单位或因自己装修不当等各种原因造成的；在居住过程中，出现类似的问题，其责任的主体不是物业服务企业，也不属于物业服务企业实际工作职责范围。

3. 开发商越权承诺，物业公司长期受苦

开发商为了将房屋尽快售完，采取免、减或打折物业服务费等一系列优惠政策吸引客户，从严格意义上讲，开发商的承诺已经越权了。业主入住后发现当初的物业服务承诺无人兑现，由于业主对物业管理还不了解，不知道物业公司和开发商是"各司其职"，所以把一切怨气都发泄到物业管理公司身上，而他们表达不满的最通常和最可能的方式就是拒交物业费。据有关调查，由于业主对开发商不履行售房时的承诺而对物业管理公司不满的小区中，大约有47%的业主在入住后，采用拒交物业费和水、电费等方式表达自己的不满。当前，许多物业公司和开发商之间存在着纷繁复杂的关系，一些物业管理公司本身便是开发商的下属公司，或者二者同属于一家企业集团。一旦开发商销售时的承诺没有兑现，或房屋质量存在某些问题，业主得不到满意答复，物业管理公司便很可能受到牵连。

4. 物业管理的相关法律、法规不完善

物业管理是一个涉及社会各个方面的服务性行业，它的综合性就决定了在其运作的过程中会出现各种各样的问题，而且大都很复杂。在业主和物业管理公司发生的争议中，大多数都是因为没有相关的法规依据。这样一些业主就会钻法律的空子而拒交物业费。

5. 沟通不到位，导致收费难

在物业费收缴过程中，一个常规的程序模式是情感→道理→法律。情感是通过良好的沟通来实现的。在收费过程中一定要注意沟通的技巧与方法，要相信每个业主都是善良的，之所以没有收到物业费，一定是在沟通环节出现了或多或少的问题。

（三）物业服务费收缴的心理对策

业主有了某种需要以后就会产生动机，动机又促成行为的出现和持续，这是一种链条式的关系。在物业管理中，业主会产生提高生活质量、增加生活舒适度的需要，这种需要则可体现为花钱聘请物业服务企业后得到相关服务的愿望，这个愿望就是个体的动机，它推动着人们去行动，以满足其需要，这一链条便开始运转。而在人们产生需要的同时，其心中也出现一个目标来测量需要是否获得满足，一旦自己的需要得不到满足或自己的承受力下降后，链条中断，也就出现了拒缴物业服务费的现象。

1. 降低业主期望值

物业服务企业在平时的管理中，要适当降低业主的期望值，也就是适当降低业主的心理需求层次。业主的期望值降低了，而物业服务企业的服务质量又超越了这个期望值，业主就会认为物业服务企业的服务质量好。久而久之，业主就会很好地配合物业服务企业的工作，当然也就不会在物业收费时处处为难物业服务企业。

2. 培养业主的归属感，满足业主归属和爱的需要

物业服务企业除了进行正常的经营管理外，可以利用节假日或其他有纪念意义的日子与业主委员会联合开展各种各样的活动，增加与业主接触的机会，努力营造一种家园文化，让小区有家的氛围，让业主有家的感觉，培养双方的感情，形成"小区即我家"的归属感，拉近公司与业主、业主与业主的距离，为以后的管理打下基础。

3. 说服教育，晓以利害

社会心理学研究认为，说服宣传会使人的内心感到有压力或威胁，这样有利于其行为态度发生转变。首先，向拒缴物业服务费的业主出示《物业管理条例》，使业主意识到其行为的违法性，从而产生压力；其次，晓之以理，与之沟通，向他们出示物业服务的内容及标准，请其指出管理工作的失误之处。如果情况属实，则向业主道歉，承认错误，并马上派人员进行改正，以求得业主的谅解。只有动之以情，晓之以理，才能使业主在解除心理负担的同时转变其行为和态度，补缴拖欠的物业服务费。

4. 利用法律手段，起诉业主，使之产生巨大的压力

当业主找不出正当的理由，仍拒缴物业服务费时，物业服务企业可以根据《物业管理条例》的规定，对业主进行起诉。虽然这样做的成本比较高，但通过严格执法可以产生强大的威慑作用，从而使业主以后自觉缴纳物业服务费。

（四）利用业主的心理需求，进行有效回应的技巧

在与业主进行交流的过程中，应该随时对业主作出回应。这样，业主会感到他们受到重视，他们提出的问题正在得到解决，他们的满意度会因此而提高。下面介绍几种基本的回应技巧。

1. 认真倾听，适当提问

在收集业主信息的过程中，倾听是最重要的一个环节。倾听对彼此间信任的建立是十分重要的。在倾听的时候要记住业主所说的内容，同时注意自己的身体语言，保持与业主目光的交流。提问时，注意自己的声调，不要让业主感觉到你在审问他，或者表示怀疑。

2. 对业主所说的内容作出回应

在认真倾听业主谈话之后，要对业主所说的内容加以简单重述，将注意力集中于正在表述的主要事件上面，并反馈给业主。

3. 说出自己的理解

要把注意力转到业主话外的感觉上，用自己的话来确认业主的感受，甚至通过肢体语言及语调来表达感受。可以用"据我观察""我觉得""我感觉到""我认为""您的意思是""您当时一定觉得很……""您现在的感觉是……"等语句来说出对业主的理解。

4. 鼓励业主进一步表露

当业主陈述一个事实或观点时，鼓励业主陈述更多的内容，这也是回应的有效方法。了解到业主的需求以后，要尽量提供业主要求的服务。当不能按照业主的要求去做时，可以告诉他可能做到的、最接近他需要的事情是什么。公司对业主的需求和感受一定要及时回应，否则就会失去客户。如果失去之后再想挽回的话，将是一件非常困难的事情。

【实践练习】

[**实践1**] 经理要求两位助理张三和李四负责布置一个展台。张三说："让李四自己负责，我不想和他一起布置任何展台。他不愿意和别人合作。"如果您是经理，您会怎么回应？

[实践2] 一位客户打电话来说:"你们的服务太差,我来办业务排了很长的队,半天都轮不到我,而且你们服务人员说话的声音又小,都听不清楚。"接待人员应该怎么回应?

[实践3] 公司要求客户下雨天不要把雨伞带进商场,或者要套上塑料袋才行,可是有一位客户就是不愿意这样做,他嫌麻烦,您该怎么做?

[实践4] 客户说:"您好,您能替我保管一下这个箱子吗?"服务人员说:"我只能替您保管到下班。"服务人员的做法对吗?为什么?

【复习思考题】

1. 简述马斯洛的需求层次理论的内容。
2. 业主心理需求具有哪些特点?
3. 业主心理需求是如何发展变化的?
4. 在物业管理活动中,如何利用业主心理需求的相关知识提高物业服务质量?

模块三 业主投诉心理与服务

项目七　业主投诉心理分析

【学习目标】

能力目标

能正确利用相关知识,分析冲突过程中业主心理特点及业主投诉心态。

知识目标

了解投诉的概念;掌握业主投诉及投诉业主的分类;重点掌握业主投诉时的心理特点。

【案例引入】

处理投诉　不是敷衍了事

某项目业主通过公司客服专线投诉,认为项目的物业管理水平下降,物业服务质量一直处于下滑的趋势,总是漠视业主的需求,例如,一个车库漏水的问题已经反映到物业好几个月了还没有解决,且漏水的原因非常简单,只是车位上方的水管在滴水,只要工人拿个梯子简单维修就好了,如此简单的事情却一直得不到处理。

广州世界贸易中心大厦是广州十大名建筑之一,位于广州市繁华的环市东路,它西近白云宾馆,东邻文化假日酒店,北接友谊商场,南靠花园酒店,周围高楼林立,商铺云集。广州世界贸易中心大厦总建筑面积10余万平方米,由30多层塔楼组成,一至七楼属商业性物业,七楼以上属写字楼,内有400多家公司,其中有国内外较著名的松下电工公司、日立公司、日本东菱药业等。作为其物业的管理者——广州世界贸易中心大厦物业管理公司,由于高度重视业主的投诉,在当时的招标中从广州400多家物业管理公司中脱颖而出。

走进这家公司投诉处理部,赫然跃入眼帘的是"文明、礼貌、优质、高效"八个蓝色大字,翻开投诉记录册,从投诉的处理情况记录可以清楚地看到对每一个投诉,都有投诉的时间、内容、处理意见、反馈情况、回访、改进方案或措施等全过程的记录信息。

1999年4月6日,该公司又接到日本松下电工公司驻广州办事处投诉,4月3日由于供电局停电使大量原始数据丢失。接到投诉后，工作人员并未以事先书面通知停电为由而拒绝处理，而是主动了解数据丢失原因，并派出工程部工作人员迅速作出相应防范措施，并作出今后若停电，5分钟内保证送电，并派专人留守抢修的承诺。对有数据传送和保存不能停电的公司，专门安装了转电设备，投诉迅速得到处理，客户对今后的防范措施更是喜出望外。从1999年3月至5月接到投诉54起，投诉处理满意率达97%。由于该管理公司认真、高效地处理投诉，精心营造所管物业这个"小社会"，广州世界贸易中心大厦1995年被评为全国城市物业管理优秀大厦，1997年被评为广州市安全文明商厦，在广州写字楼入住率呈下滑的1999年，其入住率仍高达90%。

请思考

1. 通过这个案例，你有什么启示？
2. 客户投诉的心态是什么？

提示： 建立良好的投诉与处理投诉关系，摆正投诉者位置是处理好投诉的关键所在。作为客户群体中特殊客户的投诉者，他们大多数是因自己的合法权益或认为自己的合法权益受到侵害而投诉，客观上他们既是客户合法权益的受害者，又是客户合法权益的维护者。从另一个角度看，他们还是管理公司管理漏洞或瑕疵的发现者，是物业管理工作的推动者。

当今物业管理行业发展日趋完善，竞争日趋激烈，一切从业主利益出发，一切为业主着想的经营理念，已经被业内绝大多数人士所认同。但是，在不断研究和探索使业主满意的过程中，仍不可避免地要面对业主的投诉。而且业主投诉所涉及问题之广泛，对产品、服务之挑剔，都使物业服务企业感到业主越来越难"伺候"。这是因为业主的需求无论从内容、形式上，还是从需求层次上较之以往均发生了很大的变化，而物业服务企业提供的产品和服务却没有跟上业主需求的变化，必然会引起业主的不满。业主会利用各种方式表达他们的意见和要求，产生投诉。如何认真面对并妥善处理业主投诉，对于不断提高服务质量，树立企业的良好公众形象，有着十分重要的作用，而正确分析引起业主投诉的原因及业主投诉心理发展过程，又是尽量避免或妥善处理投诉的重要前提。

一、业主投诉概述

从狭义上讲，投诉是指业主（物业所有人和使用人）在物业使用或享受服务的过程中由于房屋质量、设备设施运行、日常与专项服务、毗邻关系等原因所受到的各种委屈或不满而向物业服务企业提出意见，请求处理的行为。

从广义上讲，投诉是指物业服务企业通过任何途径而知晓的对物业管理的抱怨和不满，即包括那些并未明确或通过规定的投诉途径或并不要求物业服务企业处理的潜在化的抱怨。有4%的潜在抱怨业主会投诉，其余96%的业主不会投诉但会将他的不满有意或无意间告诉他周围的人，即从潜在抱怨到显在抱怨，再到投诉的过程。找上门来只是最终投诉的结果，实际上投诉之前就已经产生了潜在的抱怨，即服务存在着某种缺陷。潜在的抱怨随着时间的推移就变成显在的抱怨，而显在的抱怨一有机会就会转化为投诉。例如，业主偶然一次发现某个公共区域有污垢而产生异味时还没有想到去投诉，但随着时间的推移，污垢仍未除，且异味越发浓重，就变成显在的抱怨，在适当的时间，最终进行了投诉。

物业服务企业应将投诉视为广义的投诉，不能逃避或回避业主抱怨，更不能出现遏制抱怨转化为投诉的掩耳盗铃之举。只有真正地将业主投诉视作财富的企业才能消灭投诉于萌芽之中，持续改进其服务质量，使企业在激流勇进的市场中站稳脚跟。

二、投诉的意义及其重要性

物业管理是集服务、管理、经营于一体的服务性行业，而作为服务性行业的物业服务企业要想杜绝物业管理投诉是不可能的。正如营销名言所讲，感谢与不满之间只隔一张纸。处理物业管理投诉是物业服务企业从事物业管理与服务工作中的一项重要任务，也是与业主直接交流、沟通的最佳方式。

（一）接待与处理投诉是提高物业管理服务与水准的重要途径

通过对物业管理投诉的处理解决，不仅可以纠正在物业管理与服务运行中所出现的各项失误或不足，而且还能够维护和提高物业服务企业的信誉和形象。业主的投诉，对物业服务企业来说是一次难得的纠正自身失误的好机会。很多业主每逢碰到不良服务时，因为怕麻烦或不好意思而不来投诉，但物业管理公司在他们心中已有了坏印象、坏名声。同时，业主投诉也是最好的市场反馈，它真实、可靠、获取成本低，是业主主动提供给企业的反馈，企业只需对其进行妥善记录保存，充分分析，就可以在以后的服务中加以利用。

（二）处理投诉能消除业主的不满，恢复企业的信誉

物业服务企业也可以从处理投诉中汲取经验和教训，并洞察业主的需求和价值观。对于提出投诉的业主来说，如果他们的问题能够得到及时妥善的解决，他们会比没有问题的业主更加感到满意。但如果物业服务企业对投诉的业主置之不理、敷衍了事，那么由此产生的负面效应会如同滚雪球般恶性循环。商界有云"一百减一等于零"，意思是说企业对于一百人来讲，都能使他们满意，但是如果得罪了一名顾客，就会前功尽弃。物业管辖范围内的"客户"集中且相对比重大，而业主之间又多为邻里关系，影响面也大，物业管理人倘若对物业投诉不认真对待或不加以重视，业主不但会把那一次仅占百分之一的不良服务直接归咎于企业的服务水准上，还会影响其周围相关人群，最终直接影响企业辛苦创建起来的良好声

誉与品牌。

（三）处理投诉是企业的责任

企业是一个取之于社会、予之于社会的社会组织，任何企业都负有一定的社会责任。其中"安全地供给业主品质优良的服务"是企业最基本的社会责任。更进一步说，也就是让客户满意是企业存在于社会的基本价值。从这个角度，重视与妥善处理业主投诉是企业在社会上应负的责任。

（四）处理投诉是改善业主情绪与态度的良机

业主投诉时，生气是一种正常的心理现象，他们会觉得"我是客户，理应受到最起码的尊重和应有的服务，我绝对不能忍受他们这么敷衍我"，受到敷衍时，他们会觉得自尊心受到了伤害。而且，业主之所以投诉，是因为对企业还存有希望、存有期待，代表着企业是值得信赖的。如果能在服务失败的时候，维持业主的正面情绪，就可以让投诉的业主变成忠诚的业主，化解危机，加深关系，强化互动；而无视业主的投诉，将会给企业带来巨大的损失。

【案例思考】

海尔的品牌信誉

前些年，海尔集团推出一款"小小神童"洗衣机，刚推出时，它的设计存在一些问题，当时这款洗衣机的返修率相当高。海尔集团调集了大量的员工，承诺客户"接到投诉电话以后24小时内上门维修"，很多客户的洗衣机都是经过连续三四次的上门维修，问题才得以解决。如此高的返修率，客户是否会感到不满呢？很多客户反映：任何新的产品都会存在这样或那样的问题，但是对于海尔的服务我们是满意的。"因为他们看到了一家企业对客户的尊重和重视。

海尔集团正是重视客户的投诉，才使消费者继续保持了对海尔品牌的信任，这也是海尔集团在今天能够成为国际性大企业的重要原因。因此，有效地处理业主的投诉，能有效地赢得业主的高度忠诚，扩大公司的信誉度，树立企业良好的社会形象。

请思考
1. 海尔集团为什么会成功？
2. 客户看重的是产品和服务中的哪些因素？

三、业主投诉的分类

(一) 按投诉的性质分类

按投诉的性质分为有效投诉和沟通性投诉两类。

1. 有效投诉

有效投诉是指业主对物业管理公司在管理服务、收费、经费管理、维修养护等方面失职、违法、违纪等行为的投诉,并经有关部门查实确认的;业主向物业管理公司提出的管理人员故意、非故意或失误造成用户或公众利益受到损害的投诉。

2. 沟通性投诉

沟通性投诉若处理不当就会变成有效投诉,所以必须认真处理沟通性投诉,让问题得到妥善解决。沟通性投诉有以下 3 种。

① 求助型:投诉者有困难或问题需要给予帮助解决的。
② 询问型:投诉者有问题或建议向物业服务中心咨询的。
③ 表达型:投诉者带有受委屈或误会等造成的内心不满,要求解决问题的。

(二) 按投诉的内容分类

1. 对房屋设备的投诉

业主对设备、设施的设计不合理或遗漏及质量感到不满,如电梯厅狭窄拥挤、没有货梯、地板起鼓、墙体破裂;对设备运行质量不满意,如空调供冷不够、电梯经常维修、供电设备经常出现故障等。

2. 对服务态度的投诉

对服务态度的投诉要达到的目的主要有:准确性,物业服务达到规范化、标准化,具有可靠性;完善性,物业服务项目完善齐全,能满足不同层次业主的需要;认真态度,物业服务人员礼仪礼貌端庄得体,讲话热情和蔼;氛围环境,办公和居住环境安静,人文气氛文明和谐;内容细致,服务时间地点方便,有便利的配套服务项目(停车场、会所、邮局、幼儿园等);保证时间,要求服务时间和服务时效及时快捷等;安全可靠,业主的财产和人身安全是否能得到切实保障。

3. 对服务质量的投诉

业主对维修质量、邮件收到是否及时送到业主手中等事情的投诉,都属于对服务质量的投诉。减少业主对服务态度和服务质量投诉的最好途径就是加强对物业服务人员的培训。

4. 突发性事件的投诉

因停水、停电、电梯困人、溢水及室内被盗、车辆丢失等突然事故而造成的突发性投诉,这类问题虽有其"偶然性""突发性",但因事件本身很重大,对业主的日常工作和生活带来较大麻烦，因而引起较强烈的投诉。

5. 对物业服务收费的投诉

中国住房制度从"福利房"跳跃至"商品房"时代，许多业主或物业使用人的消费观念还停留在"福利房"的阶段，对日常的管理费用或有偿服务产生的费用往往有一种抵触的情绪，即使在缴纳了费用的情况下，也因一些小事而投诉。对收费方面的投诉主要是各种分摊费用和特约维修费用，如公共水、电的分摊费用，以及有偿安装空调、家政服务、园林养护等特约服务费用方面的投诉。

6. 相邻关系处理引发的投诉

在物业的日常管理中，业主或物业使用人在相邻关系上往往要求物业服务企业协调各类邻里关系，如对面房屋挂避妖镜、楼上卫生间漏水、水管堵塞、深夜噪声影响休息、在走廊上堆放鞋子占用公共通道等。对于此类问题若物业服务企业在接到投诉后协调不及时或跟进不到位往往会引发进一步的投诉。

7. 社区文化活动组织引发的投诉

物业服务企业为了丰富小区业主的业余生活，在小区形成良好的社区氛围，在节假日或周末组织开展系列的社区文化活动。但在举行社区文化活动时因活动过程考虑不周，或者活动中产生噪声影响到其他业主，往往也会受到业主的投诉。

四、投诉业主的心态

（一）投诉业主的类型

1. 问题投诉者

在物业管理的投诉事项中，绝大多数都属于问题投诉者，他们对所面临的已出现的问题表现出不高兴或不满，往往不想小题大做，也不想息事宁人，只想将问题或不满通过各种有效途径进行反映，要求物业服务企业尽快给予处理解决，并予以满意答复。一旦问题解决了，他们也就满意了。他们是很好的业主，对这一类业主，一定要加以善待，他们代表了多数业主的心理状态，也是最容易沟通的群体，是善解物业服务企业的群体。

2. 职业投诉者

职业投诉者是在获得具体服务前、中或后，始终不间断地以不同的态度、不同程度的理由和大小事项进行投诉，希望能够间接或直接地获得好处或补偿。投诉的内容是小事，但往往会对事实加以夸大。对这类业主，一定要冷静对待，先让对方把话说完，把握对方的要求，耐心沟通，指出合理和不合理的地方，用诚意和宽广的胸怀去感化对方，让其自惭形秽。

3. 未来投诉者

未来投诉者有合理的投诉事由，但由于工作忙或种种原因的考虑并不想进行投诉，尽管有时候也会向自己的邻居和朋友"诉苦"或不断地发牢骚、埋怨等，只有在忍无可忍的时候才会成为问题投诉者。他们是要加倍提供优质服务的对象，加倍了解的群体，让他们的不满获得解决而不是情绪爆发，他们的沉默是物业服务企业的失职，主动与这些人沟通，会使他们更深地感到温暖。

（二）投诉业主的心理分析

业主投诉有着较为复杂的心理过程，且因人、因事而异，存在一些客观的不定因素，也使物业服务企业处理业主投诉成为较棘手的问题。分析客观原因，投诉业主的心理主要有以下两点。

（1）服务质量和服务态度很难量化

服务质量和服务态度是业主经常投诉的内容。业主对服务质量和态度是否满意完全凭主观感受且标准不一，同一问题，有的业主感觉很满意，有的业主就可能不满意，因为需求不同，满意和不满意的标准也就不一样。

（2）业主个性差异

不同类型业主对待"不满意"的态度不尽相同，理智型的业主遇到不满意的事，不吵不闹，但会据理相争，寸步不让；急躁型的业主遇到不满意的事必投诉且大吵大闹，不怕把事情搞大，最难对付；忧郁型的业主遇到不顺心的事，可能无声离去，绝不投诉，但永远不会再来。

1. 冲突过程中业主的心理特点

（1）冲突的潜在阶段

业主由不满意到投诉，在心理上表现为一个渐进过程。当业主得到的是低于期望值的服务时，由失望产生挫折感，对服务人员产生情感抵触。这时，如果物业人员善于察言观色，妥善加以处理，如及时道歉，加以解释或用心、用情为业主服务，去感化业主，就有可能化解矛盾。

（2）冲突爆发阶段

业主的不满情绪没能得到关注和化解，情感抵触逐步积蓄上升为情感冲动，导致行为失控。经常听到业主在投诉时说："我一忍再忍，简直太气人啦！"冲突爆发形式和程度，依业主道德修养和个性决定。明智的业主据理力争，绝不让步，失去理智的业主怒不可遏，甚至破口大骂。

（3）冲突爆发后

业主不满情绪发展到极点，寻求情感宣泄的表达方式，或者是投诉，或者是报复。有些业主会在很多场合，通过很多渠道传播一些有损物业管理公司声誉的言论或信息，有的业主会拒绝缴纳物业服务费，甚至拉拢朋友、邻居、同事等加入拒缴队伍中；甚至有的业主会故意破坏小区的环境，借故诬赖物业管理公司，挑起事端。

2. 业主投诉时的心理特点

（1）求宣泄

求宣泄业主由于在工作上、交往中、家庭生活中受到了不同程度的委屈，造成心理上的阴影或不平衡，甚至想尽办法通过对某一件小事寻找投诉点，以此来发泄心中的郁闷和不快，寻求情感补偿，满足心理上的安慰，求得心灵上的宁静。让他发泄吧，越猛烈效果越好，在暴风雨过后，不失原则的讲解和规劝是有效果的，物业管理人员的谦卑和对他万分的尊敬会赢得他内心的平静和对物业管理人员的感激。

（2）求补偿

业主的怨气宣泄之后，激动情绪得到缓解，他们要维护其合法的权益。一般情况下，业主因受损失而投诉，除对物质损失要求补偿外，更多的是对精神损失要求物质索赔，以求得心理平衡。"心猿意马"是对这类业主最好的描述。这种人来势往往不莽撞，来了以后并不是单刀直入，而是柔情似水、甜言蜜语，夸上夸下，弄得你晕头转向，飘飘欲仙，而在你未来得及醒神时，突然直截了当地反转话锋正式切入主题，目的就是要获得经济上的补偿。对于这类业主，不妨先以冰冷的语言对他的要求进行否决，再婉转地以温馨语言相劝，让其知难而退。

（3）求尊重

业主自尊心受到伤害，很难平复，一旦因此发生投诉，一定要求当事人或管理人员当面认错并赔礼道歉，以恢复业主的尊严。这类业主主要是有地位、有财富或自我感觉良好的业主，往往口气大，来势凶猛，一到物业服务中心，不是骂人就是拍桌子，还要大吵大闹，盛气凌人。其实他无非就是在暗示物业管理人员要关注他、尊重他，要不折不扣地为他办事。

通过以上分析，可以看到处理业主投诉，说到底是要解决业主和企业情感联系问题。投诉处理得好，就会得到业主的谅解，使"坏事"变成好事，从而改善业主对企业的印象，避免反面宣传。多站在服务立场思考问题，在服务中更多注入情感因素，用心、用情换得业主的满意及对工作的理解和支持，可以避免很多业主投诉。妥善处理业主投诉，需要注入极大的耐心和爱心，物业服务的目标是使一个满腹牢骚的业主，最终满意而去，从而提高企业声誉。

【复习参考题】

1. 简述投诉的概念及投诉的分类。
2. 一般将投诉业主分为几种类型？
3. 业主投诉时，一般具有什么心态？

项目八 业主投诉处理与应对

【学习目标】

能力目标

能利用投诉处理的技巧,解决物业管理活动中的各种冲突与纠纷,达到业主满意度。

知识目标

了解处理投诉的原则和投诉处理流程;掌握处理投诉的法则;重点掌握处理业主投诉的技巧。

【案例引入】

拾金不昧遭投诉

何女士是大厦某公司的业务员。在楼层洗手间洗手时,何女士不慎把手机遗忘在洗手池边,回去寻找时已不见踪影。何女士急忙到大厦物业管理公司要求协助查找。何女士说:"我在洗手间时没有别人,只有一名清洁工,肯定是她趁机偷走了手机。"何女士还说,如果物业管理公司不赶快找回手机,就要报案。物业管理公司调查后发现,的确是楼层的清洁工捡到了手机,清洁工怕用户着急,正在楼层逐家询问。当物业管理公司把手机交还何女士时,何女士认为清洁工是害怕才不得不交出手机的,并向物业管理公司投诉清洁工的品行不佳,要求管理公司加强员工的品德教育。

请思考

1. 通过这个案例,你有什么启示?
2. 物业服务人员应怎样面对业主投诉?

_____

_____

_____

提示:物业服务人员要充分留意业主的神态变化,绝对不可忽视业主的感受。一个好的物业管理人员应该具有丰富的生活阅历,善于观察业主的内心变化并作出相应的反应,不露痕迹地与业主沟通而达到解决问题的目的。

业主投诉是物业服务中经常要面对的一件事情,大多数物业服务人员认为,业主不投诉是最好的，或者尽快将投诉处理完毕，以使业主满意。一些物业服务企业在项目考核中，往往将低投诉率和高满意率作为一项衡量指标。其实，对于业主的投诉，要具体分析，正确对待投诉问题，以提高业主的满意度。

作为每天要面对大量琐碎事务的物业服务工作而言，不可能没有业主投诉或意见反映。从调查看，投诉不见得是一件不好的事情，企业需要客户投诉。物业服务企业通过有效地处理业主投诉，可以把投诉带来的不良影响降到最低，从而维护企业自身的形象。在对待和处理投诉方面，重要的是正确分析投诉性质、投诉率，以及有效投诉等情况，树立起正确处理投诉的理念和心理准备，保持与业主的良性沟通、及时解决业主的问题并维护好物业服务企业的形象。作为物业服务尤其是一线服务人员，除了需要具备良好的专业素质外，还应当具备以下正确处理业主投诉的心理准备和理念。

一、业主投诉的处理原则

业主投诉的有效处理是物业服务人员应该具备的一个重要的技巧。有些时候投诉处理不好，不仅给物业服务企业的形象、品牌带来影响，甚至影响物业管理费的收缴。在处理投诉时必须遵循"谁受理、谁跟进、谁回复"的原则，这样就能做到事事有人管，事事有人跟进，让投诉能够有效的解决。接到投诉时，首先应假设物业服务企业的工作存在问题，并在"客户投诉登记表"上做好详细记录，在第一时间安排相关部门工作人员处理；暂时无法解决的必须跟业主解释原因，并约定时间处理和跟进。对于重大投诉，一定要及时向上级反映，第一负责人要亲自处理，同时要把握好与新闻媒体的关系，并努力遵循以下原则。

（一）换位思考原则

在接受投诉处理的过程中，必须以维护企业利益为准则，学会换位思考，以尊重业主、理解业主为前提，用积极诚恳、严肃认真的态度，控制自己的情绪，以冷静、平和的心态对待业主，改变业主的心态，然后再处理投诉内容。不能因为一个小小的失误导致投诉处理失败，从而引发一系列的投诉事件发生。

（二）有法可依原则

物业服务企业每天都要面对形形色色的各类投诉，如果不加甄别，认为每件投诉都是有效的，管理水准再高的物业服务企业也承受不起。一方面，承担了本企业不该承担的责任；另一方面，还会让物业服务企业成为业主冤屈的申诉地，物业服务企业将会成为一锅大杂烩，从而导致工作权限不清、出力不讨好的情况发生。因此，在接受业主投诉时，在稳定业主情绪的情况下，必须对投诉事件进行有效与无效投诉区分，提高物业服务企业的工作效率，这就要求物业服务人员熟悉物业管理的相关法律、法规。

（三）快速反应原则

投诉事件的发生具有偶发性且业主大多是带着负面情绪而来，若处理不当，小则导致业主拍案大怒引起关联业主围观，影响公司品牌形象；大则业主向新闻媒体报料，给企业造成极大的负面影响。这就要求物业服务企业必须快速、准确地识别业主的投诉是否有效,若有效,当场可以解决的必须予以解决,需要其他部门共同解决的,必须在沟通机制有效畅通的基础上给予解决;若现场无法解决的,经与业主协商约定投诉解决的具体时间、期限,并在规定期限内给予圆满解决。面对重大的投诉问题,一定要在第一时间向上级部门反映信息,第一责任人要亲自处理,同时要正确把握好与新闻媒体的关系。

(四) 适度拒绝原则

在满足客户的要求时,若在企业职权范围之内的有效投诉,物业服务企业应按照业主投诉处理服务体系处理;若为无效投诉,如果时间、人力资源允许,物业服务企业可以协助解决。否则,可以大胆拒绝,以免业主形成事事依靠物业服务企业的依赖心理,给物业服务企业的日常管理工作带来诸多不便。

(五) 及时总结原则

在很多时候投诉仍无法避免,若就事论事,只满足于投诉处理过程的控制,让业主满意而归,而不注意事后的跟踪及投诉案例的分析、总结及员工的培训,同类投诉事件仍会继续发生。如此周而复始,对物业服务企业服务失去耐心的业主将从侧面传播企业的负面信息,导致企业声誉、品牌受损。古人云:"吃一堑,长一智。"今天的总结、改进、培训,一方面是为了提高相关人员的技术水准;另一方面则是为了减少投诉,为下一步工作打下良好的基础,并在此基础上提升业主满意度,增强企业竞争力,扩大企业品牌的知名度。

二、物业管理投诉应对法则

作为物业服务人员,在受理投诉解决纠纷时,首先要学会换位思考,摆正心态,努力提高自身素质,并掌握一些行之有效的处理方式和方法。只有从业人员"内外兼修",才能正确处理投诉和纠纷。应对物业管理投诉和纠纷可遵循以下两条法则。

(一) "礼" "度" 结合

"礼"就是客服人员的态度,而"度"就是要有企业的机制、制度作为保障。

首先,物业服务人员态度要认真、热情,保持自制力,力求尽快了解事实。业主前来投诉时,情绪一般都比较激动,难免会有一些过激言行。物业服务人员要学会控制自己的情绪,保持一颗"平常心",同时,要安抚投诉者的情绪,尽快扭转尴尬的场面。如果可以,先面带微笑请对方就座,并双手给业主递上一杯水。在交流过程中,首先对对方表示同情并对给他造成的不快表示道歉,尽量让其充分发泄心中的怨气;在了解情况时,保持耐心、冷静,注意倾听并适当发问,以求尽快掌握事实;业主投诉完后,物业服务人员应向业主表示谢意,认真热情的态度和得当的投诉接待,可以使投诉者和服务人员在逐步趋于共识的感情基础上,再谋求解决方法。当然,由于多种原因,业主的投诉未必都是对的,可能会有一些盲目性和不合理的地方,这就需要物业服务人员在尽量满足其合理要求的同时,也要从维护企业利益的角度尽量给予说明,要做到有礼、有节,使他们真正从心里理解和接受物业服务人员为其所做的一切，使业主产生舒适感和信任感。

其次，处理投诉必须及时迅速。在确认所投诉问题属实后，服务人员要根据业主投诉的内容进行分类，开出业主投诉处理单，分别递送到有关部门处理，并要求有关部门在规定时间内处理完毕。对待多项和复杂投诉要立即请示上级领导，以求妥善解决，作为物业服务人员要有较强的分析、判断和协调能力，快速圆满地处理投诉。

最后，要有系统的投诉处理机制。为了规范和高效地实施管理和服务，服务人员处理投诉时要及时，并翔实地记载投诉情况。在业主投诉处理单中应明确记录业主投诉的日期、时间、物业编号、联系电话、投诉代码、投诉内容、投诉人、接待人员、记录人员等内容，并进行分类、整理及归档，同时定期将统计结果传递给相关部门和上级领导，作为日后完善企业管理制度及员工年度考核、业绩评估的依据，并在短时间内以电话或上门回访等方式给业主满意的结果和答复。

【案例思考】

擅自搬家的租户

某日，大厦一位租户请来搬家公司搬家，但因为没有业主的同意书，所以管理处没有放行。租户意见很大，称管理服务费、水电费等费用已缴清，其他的事是租户与业主的事与物业管理公司无关，况且车已请好，万一搬不了，其损失要物业管理公司赔偿，等等。最后，物业管理公司经过多方努力联系到了业主。经了解，果然是租户拖欠了业主大笔租金想溜走，业主自然不会同意租户搬家，而且还赞扬了物业管理公司坚持原则，保护业主合法利益的做法。

请思考

1. 从该案例中你得到了什么启示？
2. 应如何面对业主和租户的投诉？

（二）处理纠纷要"得理"，也要"饶人"

目前，我国政府通过政策导向、法律、法规的制定等方式对物业管理行业进行宏观调控引导和规范。作为物业服务人员需要熟练掌握及运用相关法律、法规，具有较强的独立处理客户投诉能力。例如，在写字楼物业管理和服务中，公司需提前和业主约定租户搬迁管理规定并签约，租户搬家需要业主、租户和物业服务企业三方确认才能放行。

对待投诉和纠纷，物业服务人员除了熟知法规、灵活运用外，还要掌握一定的工作技巧，要学会使用"情感润滑剂"。在日常的工作中，如业主遇到困难时，急业主所急，想业主所想，取得业主的认可和情感上的支持。遇到投诉时，有些业主会情绪失控、言语冒犯，需要接待人员平和大度，以良好的服务感动业主。常言道："晓之以理、动之以情。"在解决投诉时，首先要"动之以情"，然后再"晓之以理"。作为物业服务人员，除了会熟知并运用物业管理法规，更需要具备较高的"情商"，切忌态度生硬地一上来就向业主"讲法"，以免引起业主心理上的不适及抵触。

【案例思考】

养狗业主的愤怒

某小区一位业主向物业公司反映他的邻居在庭院中私自搭建了一个犬舍，对邻里生活造成了干扰，并引起一些纠纷。物业管理人员接到投诉后，直接去养狗的业主家中，开门见山地向养狗的业主宣传相关法规，并说这样影响了邻里和谐等，而忽略了这位业主的情绪，结果业主被激怒，以致又造成了与物业管理人员的冲突。

请思考

这位物业管理人员应该如何处理才能更加有效？

提示：在处理投诉与纠纷时先向对方表示同情，并对给他造成的不快表示道歉，安抚对方的情绪后，再适时讲解相关法规，这样的效果会更好。

物业服务企业应该预防性和补救性服务并重，提前对可能引起客户投诉和纠纷的因素采取预防性措施，事前防范是减少业主不满的最有效方式，把受理投诉变为减少投诉。例如，在物业管理和服务活动中，装修管理是较易发生纠纷的环节，物业服务企业应该以装饰装修相关法规为依据，通过审批制度、事前签署装修管理协议书和反复强调装修注意事项、及时到现场巡查等方式来预防违规装修、噪声扰民、装修垃圾破坏公共环境的发生，减少投诉和纠纷的发生。

三、业主投诉处理机制

在物业管理中，经常发生投诉。投诉并不可怕，可怕的是漠视投诉或面对投诉一筹莫展。因此，建立科学的业主投诉处理机制十分重要。

（一）处理业主投诉的一般流程

业主投诉的处理流程一般由3个过程组成：接待过程、处理过程和监督过程。

1. 接待过程

处理业主投诉时，接待人员要努力做好以下几点。

① 要注视对方，同时注意自己的礼貌与形象。
② 细心聆听，适当记录。
③ 缓和气氛，不激化矛盾。
④ 注意场合，隔离人群。
⑤ 询问重点，清楚明了。
⑥ 切勿妄下断言，注意力要集中，适时地与业主进行交流，不应只埋头记录。
⑦ 逐渐引导，勿直斥他人。
⑧ 立即采取有效行动（迅速界定有效的简单投诉）。
⑨ 解决问题，避免人为的纠纷；必要时，通知更高一级主管出面解释。
⑩ 不轻易承诺（复杂事件留作后台界定）。
⑪ 记录投诉尽快报告（避免延误）。
⑫ 事后检讨，以便改善。

2. 处理过程

对投诉的处理，事前要进行投诉界定，考虑事件的确定性。对有效投诉，根据投诉事件情节、严重性决定投诉等级，不同级别的投诉，采用不同的处理等级。界定后要落实解决部门，并按照时效特征分为以下两类。

（1）即时处理

对简单事件实行快速界定后，根据解决的难易程度、管理现状做暂时性处理或永久性处理。

（2）长远问题处理

对当时解决不了的事件，应安抚好业主，事后迅速责成有关人员针对问题，对症下药，限时处理。例如，某个小区接到业主对养狗造成环境污染的投诉，接待员一时不能答复解决，安抚送走业主后，上报经理，及时召开专题会议，讨论出一个约束性管理方案：在小区内开辟一小块地方，设立宠物乐园，要求饲养宠物的业主让宠物在乐园区域内活动。

3. 监督过程

接待受理部门在投诉处理完毕后，要安排回访并界定是否解决完毕，未解决完的要再次进入界定和落实程序，直到和业主达成双方都可以接受的处理方案。

（二）对投诉处理工作的品质考核

1. 投诉率

投诉率是品质考核的重要指标，可以用一定时间内发生投诉的业主数（同一内容或同一业主不重复计）除以总户数换算成百分数，得出业主投诉率。还可以用对某事件的投诉户数除以涉及该事件的总户数得出事件投诉率。物业服务企业可以通过对有效投诉的归类分析，如按发生的时间段分类、内容分类、原因分类、处理效果分类等不同角度进行分析，制定预控投诉的措施，从而减少投诉发生频次，达到降低投诉率的目的。

2. 投诉处理率

投诉处理率是指在一定时间段内已解决的投诉问题件数，除以总投诉问题件数（内容重复的投诉不重复计件）。投诉处理率可以反映物业服务企业对投诉的处理能力。

3. 客户满意率调查

客户满意率是一项长期考察服务质量的综合指标。信息调查的途径有多种，可以是定期走访、随机调查、定期户卷表征询等。无论何种形式，其目的是要不断反映业主的需求，了解对服务质量的认可部分和有歧义的部分，将这些信息反馈整理，制定服务改进、完善措施，有效防范日后投诉的发生。

四、业主投诉处理技巧

(一) 察言观色，但不以貌取人

对于面对面的投诉，物业服务人员可以通过业主的言行举止来分析判断业主大概是属于哪一类型性格的人，针对不同性情的业主采取相应的沟通技巧。物业服务人员在平时的工作中，注意分析所接触过的业主和物业使用人的性格，并铭记在心，以便在接到投诉时能有针对性地处理。

(二) 认真聆听，不与争辩

在业主倾诉的过程中，物业服务人员要保持平和的心态和真诚的态度认真倾听业主的倾诉，不轻易打断业主的话语，同时注意目光与业主的眼神进行必要的交流。不要在投诉业主还没有讲完事情以前就打断对方，予以辩解，这样只会刺激对方，使其感情用事。应该在听的同时进行综合分析判断，确认业主是否说了所有的事情，是否将问题说清楚。满足对方的愿望是有效解决问题的第一步。物业服务人员不要将处理业主不满作为锻炼辩论能力的场所，以驳倒对方为满足的方式，或者认为如此便已经把问题处理完毕了。物业服务人员要避免使用"为什么"这样具有威胁或挑战的提问方式，多使用非限制性问题以引出更多信息或用引导性问题以鼓励业主更好地阐明观点。

(三) 详细记录，确认投诉

在倾听业主投诉的同时，应当尽可能将业主的投诉内容记录清楚，待业主倾诉完毕后，将记录下来的内容复述一遍，确认业主投诉的事项，以便更好地处理投诉。对于物业服务企业和物业服务人员个人来说，业主有可能是反映一些微不足道的咨询事项和不满。但对于业主本人而言，却是极为重大的问题。物业服务人员必须诚心诚意听取业主意见，表现出重视的态度。

在日常接待中，要避免"职业化礼貌"，物业服务人员与业主接触时的态度，有时在表面上看似表现出礼貌，但如果内心有轻蔑对方或不重视对方的心理时，会在言辞中露出破绽，使对方不高兴。对于物业服务人员来说，每天要面对的工作内容之一就是处理投诉，业主的不满属于其日常业务的一部分，这样就很容易对投诉习以为常，随随便便加以处理。但是，对于投诉业主来说，这些都是在生活上所发生的特殊情形，物业服务人员一定要认真对待。

（四）换位思考，不转嫁责任

在接待处理投诉时，物业服务人员要站在业主或物业使用人的立场上去思考和解决问题。接待人员对业主或物业使用人要表示适当的同情，让他感觉到你和他站在一起，从而减少对立的情绪，有利于问题的解决。例如，物业服务人员可以说："这位先生，我很理解你的心情，要是我可能会更加气愤。"每个物业服务人员都是"解决问题者"，即每个员工接到业主投诉，都要"接受"这种投诉，不要向投诉者说承办人不在，不大清楚之类的话语，或者将问题推到其他部门，业主的电话被一次次转递等。这些推诿都会伤害投诉业主的感情，将会使问题越来越难解决，甚至不好处理。

（五）注重礼仪、礼节

在接待业主或物业使用人投诉的过程中，物业服务人员尤其要注重接待礼仪的规范性操作，应始终保持微笑或平和的面部表情，用真诚、高素质的服务态度感染对方。要让业主觉得你和蔼可亲，首先要做到的就是态度谦恭，对业主的感受要非常灵敏，避免任何言行上不必要的冒犯。

（六）运用相关专业知识处理投诉

在处理投诉过程中，往往会遇到一些技术性和专业性的问题，这时物业服务人员要非常准确地运用自己的专业知识向业主进行解释。例如，业主关于房屋裂缝的投诉，有些业主会将裂缝产生归咎于房屋质量差，这时物业服务人员就可以运用专业知识给业主解释裂缝产生的原因，让业主明白裂缝产生是由很多因素造成的，不能一概而论就是房屋质量有问题。物业服务人员要熟悉本行业的法律、法规，从而以理服人，以法制本，这是处理投诉很重要的一点。试想有人来投诉，物业服务人员却一问三不知，什么也不懂，什么也不会，光知道说对不起，这样永远不起作用，业主的问题也永远不会得到解决。要不断地研究与学习，但并不是凭死板的规矩解决问题，重要的是要以相关规定作为基础，以商业伦理、企业宗旨及管理理念等要素，做有弹性的处理。

（七）虚心接受批评

当投诉人对物业管理公司提出批评意见时，物业服务人员应该虚心接受，让投诉人心情变得舒畅些，以便能够进一步深入话题而不使投诉人产生抵触情绪。挑剔的业主发现问题的敏感性较强、要求较高，有时候可能对企业更有价值，对发展中的企业业主投诉是有好处的。业主的"挑剔"并不可怕，可怕的是"沉默"，"沉默"将会使企业失去聆听业主声音的机会，失去沟通、弥补和改善的机会。

（八）学会感谢业主

在业主倾诉完毕后，物业服务人员应及时感谢业主提出的意见和建议，并将其作为改进和完善工作的依据。投诉是避免业主与物业管理公司产生矛盾的最好屏障。业主能向物业服务企业投诉，表明其对物业管理公司还是持信任态度，物业管理公司要对业主的信任表示感谢。

（九）灵活运用"缓兵之计"，适时回避

有时候，物业服务人员刚刚被上一宗投诉搞得心情非常糟糕甚至流泪，又有业主前来投诉，这时该物业服务人员最好先采取回避的措施，将自己的状态调整好后，再进入工作。

（十）学会"因材施话"

在处理业主投诉时，不要使用物业管理方面的专业用词和只有业界人士才懂的措辞，甚至外来语、法律用语等，业主不是行家，一般听不懂这些话。要使用平常所使用的语言措辞来说明，当不能改用另一个用语时，则应该在使用这种用语之后再作补充说明。同时，形形色色、各种各样的业主中有高龄者、中年人、未成年人等，对于他们提出的不满，要根据投诉者的实际情况加以考虑。不可千篇一律地应对所有投诉业主。特别是对年龄较大的业主所提出的不满，要用比较缓慢的语调，一边确认事实，一边妥善应对。

总之，对服务要求日益提高的物业管理行业来说，注意投诉的细节，处理好每一次投诉，在业主心目中树立起良好的形象，永远是物业服务企业制胜的法宝。

【案例思考】

漏水的房子

张强是某家物业管理公司客户服务中心的客户经理，负责业主投诉的接待和处理，今天，刚上班就接待了一位投诉房子漏水的客户。

"请进！您好，有什么需要我帮忙的吗？"

"帮忙？！我家的房子都快变成游泳池了，你说怎么办？"

"对不起，您先别着急，我帮您解决，请您先坐下来慢慢说。"

"我不坐，你是不着急，那又不是你们家！"

张强起身转过来，"我知道您很着急，可是您要跟我说清楚我才知道怎么帮您啊，您先消消气，喝杯水，坐下来，您慢慢说。"客户很不情愿地坐了下来，喝了口水。

"请问您贵姓？""我姓王！""噢，王先生，来，您给我说说您的房子出了什么问题。"

"什么问题，就是你们开发商欺骗消费者，我花了100多万元买你们的房子，当初买房的时候你们跟孙子似的，跟着我屁股后面，把我们家的电话都快打爆了，花言巧语地把你们这座破楼的质量吹得跟皇宫似的，我就上了你们的当，出了事儿再找你们，我才知道我成孙子了！"

"对不起,王先生,您的心情我很理解,请您放心,我会竭尽全力地帮您解决的,您能不能先告诉我您的房子怎么了?"

"上个月我才搬进去,住了还没到三个星期,上礼拜下雨,我就发现墙壁渗水,我新贴的壁纸洇了一大片,我就打电话给你们物业,你们也不知道是谁告诉我,说当时没工人,第二天来,结果又说没人。最后被我逼得没办法,第三天才派了两个人上我家,查完说是房子的外墙有问题,帮我又做了一遍防水,说没事了,谁知道他真修了还是假修了,结果前天下雨后又漏了,我气得又打电话,然后他们告诉我,那是施工质量的事,他们管不了,让我找开发商,我就说你们收我的物业费,凭什么让我去找,他们就说因为这和他们没关系,我都快被他们给气疯了,你说这怎么办?我要退房!"

"对不起,王先生,您别生气,真像您这么说的,物业管理公司就有问题,我首先代表公司向您赔礼道歉,您放心,我一定想办法帮您解决!"

请思考

1. 你认为该业主当时的投诉心态是什么类型?
2. 作为物业服务人员,应该怎样处理类似的事件才能达到最佳的效果?
3. 在处理业主投诉过程中,应该注意什么?

_____
_____
_____
_____

提示:在本案例中,可以看到物业服务人员在接到这位业主投诉时,他一开始关注的不是问题的解决,而是业主很愤怒的心情,当他通过道歉,耐心地说服并表示理解,然后去复述业主的情感,业主的声音也逐渐相应地变小,心情慢慢平和下来,这时再来进行问题的解决,是一种正确的处理业主投诉的技巧。

【复习思考题】

1. 处理业主投诉的原则是什么?
2. 处理业主投诉的基本流程是什么?
3. 处理业主投诉的法则有哪些?
4. 在物业管理活动中,如何正确处理业主投诉,解决纠纷?

模块四 业主情绪管理

项目九　业主的情绪识别

【学习目标】

能力目标

能通过业主表情、语言等外在表现分析业主的情绪状态，并能采取合理的应对方式，有效处理问题。

知识目标

了解情绪及情绪状态的概念；掌握业主情绪的分类；重点掌握业主情绪识别的技巧。

【案例引入】

眼见不一定为实

有这样一位业主，不爱与人说话，虽然寡言少语，但态度还是很不错的。对于物业服务人员的到来及解释，她自始至终都报以微笑，甚至物业服务人员有些过火的言辞，如"你不能不考虑别人的感受""邻居要来砸你家的门"之类，这些话在一般情况下都会惹起业主的反感，但是她依然不温不火，一脸和气，不见一丝怒色，更没有要赶物业服务人员出门的意思。按理说，态度这么好的业主还真是不多见。可就是有人投诉她经常往楼下泼水，甚至泼到人家头上。可她好像千言万语已到了嘴边就是啃不出一个字来，这下就把物业服务人员搞糊涂了，她到底在想什么？为什么她不开口说话呢？是想逃避？不会，那样她就不会让物业服务人员坐那么久，始终和颜悦色地听物业服务人员讲话。是物业服务人员来的时候不对，正碰上业主身体不适宜说话？也不像，对方明明是一副身体健康、精力旺盛的样子。思前想后也想不出个所以然来。

请思考

1. 该业主当时具有什么样的情绪状态？
2. 作为物业服务人员，应该如何进行业主的情绪识别？

俗话说，"客户就是上帝"，对物业管理行业而言，客户就是业主，是决定公司命运的人，是物业管理公司为其努力工作的人，是物业管理公司该努力争取的人，是物业管理公司最重要的人。同时，也是有需要的人、有情绪的人。业主的情绪，影响和决定着他们的行为方向，业主情绪状态是好是坏、是悲是喜，决定着他们对物业管理公司的服务是接受还是拒绝。情绪，是打开业主之门的一把钥匙。进行情绪管理，首先从认识情绪、识别情绪开始。

一、情绪的概述

（一）情绪及情绪状态

人有七情六欲，这里的"情"就是指情绪。情绪是指人对客观事物的态度体验及相应的行为反应，产生的基础是人的需要。当客观事物能够满足人的需要时，人就会产生积极的情绪体验，如满意、愉快、赞美等；反之，则会使人产生消极的情绪体验，如悲痛、苦闷、憎恨等。一般把喜乐、愤怒、恐惧和悲哀等归纳为人类最基本或原始的情绪形式。情绪是多种多样的，以下3种情绪状态在人们的生活中具有重要意义。

1. 心境

心境是指比较微弱、持久地影响人整个精神活动的情绪状态，具有弥漫性。某种心境一旦产生，它便会影响到人们的生活和工作，使人们的言行、思想和所有接触到的事物均带上某种情绪的色彩。例如，当一个人心境不好时，看什么都不顺眼，如林黛玉看见落花也伤心，看见月缺也流泪；而当一个人的心境愉快舒畅时，看什么都高兴，俗话说"人逢喜事精神爽"就是如此。社会生活条件、时令季节的气候变化会影响心境，事业的顺利与否、人际关系、健康状况、对外界环境的适应等，也可能引起某种心境的改变。

2. 激情

激情是一种强烈、短暂、突发性的情绪状态，如狂喜、愤怒、惊恐、绝望等都属于这种情绪状态。如果说心境是和风细雨的话，那么激情就是急风暴雨。在激情状态下，人常常会出现"意识狭窄"现象，认识活动的范围缩小，理性分析能力下降，理解力、自制力降低，甚至失去自我控制能力。例如，盛怒时拍案而起、暴跳如雷；高兴时哈哈大笑、手舞足蹈。同时，激情时人们总是伴着有机体状态的改变和明显的表情动作，如愤怒时全身发抖，紧握拳头；恐惧时毛骨悚然，面如土色；狂喜时欣喜若狂，欢呼跳跃等。

3. 应激

应激是人们在生命或精神处于受威胁情境时所引起的高度紧张的情绪状态。在人们遇到意外的自然灾害、紧急事故时，均可能出现应激状态。在紧急状态下，人往往能够迸发出神奇的力量。例如，人在情急之下，可以掐死一只鳄鱼；在第 27 届奥运会上，举重运动员占旭刚举起了自己平时从未举起过的重量。而有的人在应激状态下，也可能会表现出注意力不集中、思维中断等情况。

(二) 情绪的功能

情绪可以帮助人类适应环境，对外界作出更迅速的反应。当婴儿身体不适或饥饿时，会用哭声告诉大人；当受到威胁时，会感到恐惧；当发生冲突时，会感到愤怒。这些情绪反应表现出非常明显的自我保护性倾向，可以调节个体与环境的关系。

1. 适应功能

情绪是有机体适应生存和发展的一种重要方式。例如，动物遇到危险时产生害怕情绪，从而发出呼救信号，就是动物求生的一种手段。婴儿出生时，还不具备独立的维持生存的能力，这时主要依赖情绪来传递信息，与成人进行交流，得到成人的抚养。成人也正是通过婴儿的情绪反应，及时为婴儿提供各种生活条件。在成人的生活中，情绪直接反映着人们的生存状况，是人类心理活动的晴雨表，如愉快表示处境良好，痛苦表示处境困难。人们还通过情绪进行社会适应，如用微笑表示友好，用移情维护人际关系等。人们通过察言观色了解对方的情绪状况，以便采取相应的措施等。也就是说，人们通过各种情绪了解自身或他人的处境与状况，适应社会的需要，求得更好的生存和发展。

2. 动机功能

情绪是动机的源泉之一，是动机系统的一个基本成分。它能够激励人的活动，提高人的活动效率。适度的情绪兴奋，可以使身心处于活动的最佳状态，进而推动人们有效地完成工作任务。研究表明，适度的紧张和焦虑能促使人积极地思考和解决问题。同时，情绪对于生理内驱力也可以起到放大信号的作用，成为驱使人类行动的强大动力。例如，人在缺氧的情况下会产生补充氧气的生理需要，但这种生理内驱力本身可能没有足够的力量去激励行为，而此时所产生的恐慌感和急迫感会产生强烈的驱动力。

3. 组织功能

情绪是一个独立的心理过程，有自己的发生机制，并对其他心理活动具有组织作用。这种作用集中表现为积极情绪的协调作用和消极情绪的破坏、瓦解作用。一般中等强度的愉快情绪有利于提高认知活动的效果，而消极情绪，如恐惧、痛苦等会产生负面影响。情绪的组织功能还表现在人的行为上，当人们处在积极、乐观的情绪状态时，更容易注意事物美好的一面，行为也比较开放，愿意接纳外界的事物；当人们处在消极的情绪状态时，则容易失望、悲观，放弃自己的愿望，甚至产生攻击行为。

4. 信号功能

情绪具有外部表现，它可以在人与人之间传递自己的感受、了解他人的感受，是人类信息交流的一种重要形式。面部表情、言语声调和身体语言这 3 种情绪的表现形式在人际交往中起着不可忽视的作用。高兴时眉飞色舞，发怒时大声斥责，悲哀时语言哽咽，悔恨时捶胸顿足，失望时垂头丧气……所有这一切，都作为一种信号被赋予特定意义传达给别人。同时通过别人的情绪反馈信息，也可以领悟到别人对自己的态度。情绪在人际交往中具有传递信息、沟通思想的功能，这种功能是通过情绪的外部表现，即表情来实现的。表情是思想的信号，在许多场合，只能通过表情来传递信息，如用微笑表示赞赏，用点头表示默认等。表情也是言语交流的重要补充，如手势、语调等能使言语信息表达得更加明确或确定。

二、业主的情绪类型

根据业主的情绪特征，将业主的情绪类型分为以下9类。

（一）内向型

内向型业主生活比较封闭，对外界事物表现冷淡，和陌生人保持相当距离，对自己的小天地之中的变化异常敏感，对服务态度和质量等要求也高，相当挑剔，对物业服务人员的态度、言谈举止等异常敏感，讨厌过分热情，因为这与其性格格格不入。对于这类业主，第一印象是非常重要的，应注意投其所好，则容易谈得投机，否则，难以接近。

（二）随和型

随和型业主总体来看性格开朗，容易相处，内心防线较弱，对陌生人的戒备心理不如内向型。容易被说服，一般不会令物业服务人员难堪。表面上不喜欢当面拒绝别人，应该耐心地与这类业主周旋，而这也并不会引起他们太多的反感。对于这类业主，幽默、风趣自然会起意想不到的作用，但这类业主有时候会忘记曾经的承诺。

（三）刚强型

刚强型业主性格坚毅，个性严肃、正直，尤其对工作认真、负责，决策谨慎，思维缜密。在这类业主面前应该显示出严谨的工作作风，时间观念尤为强烈。这类业主初次见面往往很难接近，通过第三者介绍，会容易得多。

（四）神经质型

神经质型业主对外界事物、任何反应异常敏感，且耿耿于怀；对自己所作出的决策很容易反悔；情绪不稳定，容易激动。对这类业主一定要有耐心、不能急躁，同时要注意言语谨慎，避免物业服务人员之间私下讨论，否则极容易引起反感。要合理把握其情绪变动，顺其自然，在适当的时间提出自己的观点。

（五）虚荣型

虚荣型业主在与人交往时喜欢表现自己、突出自己，不喜欢听别人劝说，任性且嫉妒心比较重。对待这类业主要找到熟悉并且感兴趣的话题，为其提供一些可以发挥自己高见的机会，不要轻易反驳或打断谈话。在整个服务过程中，不能表现得过于突出，也不要给对方造成极力劝说的印象，最好有第三者附和着说。

（六）攻击型

攻击型业主好胜、顽固，对事物的判断比较专横，喜欢将自己的想法强加于人，征服欲强。这类业主有事必躬亲的习惯，尤其喜欢在细节上与人吵个明白。对待这类业主一定要做好心理准备，准备好被他步步紧逼，必要时丢点面子，会使事情好办得多。俗话说"争论的胜利者往往是谈判的失败者"，千万不可以意气用事，贪图一时痛快。准备好足够的数据资料、证明材料将会助你成功。还有，要防止对方提出的额外要求，不要给对方突破口。

（七）顽固型

顽固型业主多为老年业主，在消费观念上具有特别偏好。对新思想、新服务往往不乐意接受，不愿意轻易改变原有的模式与结构。对物业服务人员的态度多半不友好，作为服务人员，不要试图在短时间内改变他们的观念，否则容易引起对方强烈的抵触情绪和逆反心理。对于这类业主应先发制人，一旦对方明确表态，再让他改变就很困难了。

（八）怀疑型

怀疑型业主对服务的很多方面甚至服务人员的人格等都会提出质疑。面对这类业主，一定要自信，不要受对方的影响，也不要企图以口才取胜。因为，对你所说的很多内容，他们同样报以怀疑的态度。这时，也许很多专业数据、业主之间的评论、专家评论等会对你有所帮助，一般不要轻易让步，因为让步只会让对方更加怀疑你，怀疑公司的服务，建立起信任关系非常重要，端庄严肃的外表与谨慎的态度会有助于成功。

（九）沉默型

沉默型业主情绪不太外露，从表情上看不出明显变化，反应从容迟缓，行动稳重，语言简捷，善于控制自己，比较固执，形成的观念很难纠正，彼此交流的难度很大。一旦陷入僵局后，不妨给这类业主一定的时间去思考，然后挑一些引导性的话题去沟通。

三、业主的情绪识别

面部表情、言语声调、身体语言等都是情绪的表现形式。在这3种表现形式中，面部表情是最明显的。有一位心理学家说过：面部表情是内心活动的显示器。人的面部表情能够反映情绪的存在，即便是自我控制能力很强的人，也掩饰不了客观事物作用于人的内心时最真实的内心反映。

每一个人的内心需要不同，对事物所持的态度不同，因而在情绪方面的感受和表现也就会有所不同。即使是同样的感受，也会因为兴趣、性格等不同，导致表现的方式和程度也会有很大差别。

有人生气的时候大喊大叫，有人生气的时候关上房门一言不发；有人伤心的时候会哭，有人伤心的时候可能会面色苍白；有人高兴了冲每个人笑，有人高兴了一个人躲起来，偷着乐。情绪的表现千姿百态、千差万别，穷尽语言的力量可能也描绘不出，但是，最基本的东西还是一样的。

解读业主情绪的外在表现，从而了解其情绪状态是与业主交往中非常重要的一环。

(一) 面部表情

人们的情绪往往会表现在脸上，这已是人所共知的事实。但是想从表情看出对方的情绪，是一件说起来简单做起来难的事情。然而"表情是反映人类情绪的镜子"。长期的实践经验证明，人们一旦理清了情绪与表情的关系，无论对方如何压抑情绪，装出一副若无其事的样子，甚至装出完全相反的表情，这种压抑和伪装都不会长久。

还有另一种情形，看似没有表情，但没有表情并不等于没有情绪。心中充满怨恨的人，装出面无表情的模样，本身就证明他心中有矛盾，只是把复杂的情绪压抑下来。其实，只要细心观察就会发现他面部僵硬和紧绷的现象，虽然在说话时毫无表情，但隐藏在内心的不满却无法逃脱人们的眼睛，人们的面部表情与情绪状态如表 9-1 所示。

表 9-1　人们的面部表情与情绪状态

	喜	怒	悲	恐	厌
眉	平静	两眉蹙成八字，眉尖、额头有皱	两眉蹙拢下垂，眉尖呈倒八字	上扬	双眉紧皱
眼	下眼睑上扬、眼角有皱纹	张大	部分或全部闭上	张大	比平常稍细，眼珠活动
鼻	正常	鼻翼扩张	变得细长	鼻翼扩大	上扬，鼻根有皱纹，鼻翼扩大
嘴	露上齿	拉长、拉宽露下齿	张开弯曲	张开	微上扬
唇	向后方伸展，上唇扬起	两角下垂，下唇用力	两角下垂，下唇颤抖	两角下垂	两角下垂，下唇突出
下颚	下垂、颤抖	使劲向前突出	下垂	固定	上扬

如果你发现业主瞳孔突然放大，那表示他被你的言辞打动，已经在接受你的意见了。业主回答你的问题，眼睛不敢正视你，甚至故意躲开你的眼神，那表示他的回答"言不由衷"。业主皱眉则表示不同意你的说话。

脸上的微笑，不仅代表了友善、快乐、幽默，也意味着道歉与请求谅解。"眼神是心灵的窗口"，人的喜怒哀乐、惊恐厌恶，皆可从眼睛中得出答案，故孟子认为"存乎人者，莫良于眸子"。人们对眼睛进行了许多刻画："含情脉脉""眉清目秀""望眼欲穿""暗送秋波""横眉冷对""怒目而视""目光呆滞""贼眉鼠眼"等，从不同角度反映出眼睛所传送给人们的情绪。这些丰富的内容只有眼睛的特殊功能才能表现出来，而且表现形式含蓄、深奥、迅速、方便，可以不受时间、空间的限制。由于眼睛的作用，使它具有良好的保密性，其对人的感染力有时超过了语言。

高明者常常可以从对方的眼神中获得意外的收获。所以谈话之中不时地扫视一下对方，不仅让对方感到亲切、自然，而且是为了从对方"会说话的眼睛"中得到可能从口中得不到的东西。业主两眼瞪视或目光呆滞，通常是眼睛望着窗外，或者是看着地板、墙纸或天花板，同时，双眉紧锁，头一动也不动，这表示他们在思考。

紧绷绷的脸部表情表现出藐视、严肃或不耐烦的态度。既不笑也不作出反应的点头，整个下巴的肌肉都绷得紧紧的，双眉紧锁，有时眼睛还向别处张望，这表示他们在想别的问题。

（二）言语声调

人类有两种表情，一种是出现在脸部的表情，另一种是出现在说话方式的表情。在通过电话交谈时，虽然看不到对方，但只需要短短的几分钟时间，就能从对方说话的语调、速度中听出对方的情绪，通常说话方式能表现一个人的感情和心理。在说话的同时，人们常常下意识地通过说话的速度、口气、声音的抑扬顿挫把心中的感情表现出来。

1. 音调

从生理的角度看，女人比男人音调高，少年比成年音调高，这是指正常情况下而言的。当一个人在反对他人的意见时，为了达到压制对方的目的常常采取提高音调的方式讲话；一个人在激动时，不管是愤怒还是高兴，往往不由自主地提高音调；一个人为了突出自己、引起周围人注意时，也要提高音调；相反，人们在沉默、颓丧、神秘、平静之中，则常常降低音调。

2. 速度

这里所说的速度不是指一个人与生俱来的、反映本人个性和气质的固定说话速度，而是指不同于平时说话方式的反常速度。平时说话慢条斯理，突然变得快速急促；平时能言善辩，突然变得吞吞吐吐；平时说话不得要领，突然间滔滔不绝，等等。如果出现这些现象，就要引起听者的注意。一般心中怀有不满和故意时，说话的速度会减慢，而且欲言又止；反之，心中惭愧或说谎时，说话速度都会大大地加快，想迅速地将事情说出来，以解脱隐之于内心的不安。然而如此一来，他便无法有更多的时间冷静思考，因此，内容常常杂乱无章。

3. 节奏

充满自信、心地坦荡的时候，说话必定富有节奏感；反之，缺乏自信或心中有鬼，说话常常张口结舌、语无伦次。说话有节奏，说明此人心情平静，对他所谈的问题充满信心，对事情十分清楚，不怕别人反驳。说话急于求成或语言暧昧，则常常是怕负责任。业主的声音改变，如提高声调和音量，回答的问题很短而呼吸很急促，说话的速度加快，似乎是在强调重点；一直复述一些不必要的话，在回答问题之前停顿很久，似乎是在捏造答案；回答问题的答案却很短，甚至很不连贯，而且听起来好像是临时拼凑起来的，这些都是言不由衷的信号。凡是平时沉默寡言的人，忽然变得能言善辩，那就表示他内心含有一种不想被人知道的秘密。

（三）身体语言

当人们在不同的情绪状态时，其身体姿态也会有不同的表现，高兴时会手舞足蹈，伤心时会捶胸顿足，激动时会坐立不安，恐惧时会浑身发抖。人们的身体语言与情绪状态如表9-2所示。

表 9-2　人们的身体语言与情绪状态

身体语言	情绪状态
双手抱在胸前	封闭，怀疑，不接受
说话时手指放在嘴上	缺乏解决问题的信心
身体后靠或移开	不感兴趣
避开眼神的接触	否定，没在听对方讲话，不想理睬
推开桌子、收拾文件或不停看表	不耐烦，想结束谈话

在椅子上深坐的人，在心理上占了优势，甚至念念不忘要居高临下；伸手让对方看见掌心，即表示有强烈拒绝的意思；初次见面，就碰对方的肩膀打招呼，这样无异于把当时的气氛导向于有利于自己的一面；突然改变服装的嗜好，表示他的心情发生了变化。有人故意要将自己的忙碌让周围人明白，这种人对于自己的能力有自卑或矛盾心理；一面注视对方一面行礼的人，他对于对方有警戒之心，同时也怀有想占优势的欲望。

如果听者坐姿平衡，眼光不断扫视谈话人，时而自然地点头，对来人和电话简明干脆地回绝，面色从容，则说明听者感兴趣、有耐心、尊重人；如果别人在谈话中间，听者视线转移、拨弄手指、钢笔，不断变换坐姿、发愣，对来人和电话说个没完，则说明听者已是心猿意马，这时谈话人和听话人都应根据具体情况调整现状，当即确定谈话是终止还是继续。

双手插入口袋之中，表示他正处紧张状态。一个有把双手插入口袋之癖的人，通常是比较神经质的。当业主与你谈话时，不断地玩弄手上的小东西，如你的名片等，则显示他很紧张；如果手指不断敲打桌面，双手互捏，小腿抖动，坐立难安等，这表明业主很厌烦；下意识地摸下巴、摆弄衣角或将手藏在背后，都是说谎的征兆。

与业主握手时，感觉轻松的话，表示业主冷淡；若感觉太紧了，甚至弄疼了你的手，表示业主有点虚伪；感觉松紧适中，表示业主稳重而又热情；如果业主的手充满了汗水，可能他正处于不安的状态。

【复习思考题】

1. 简述情绪及情绪状态的概念。
2. 一般将业主的情绪分为几类？
3. 在物业管理中，如何进行业主的情绪识别？

项目十　业主的情绪管理

【学习目标】

能力目标

能利用情绪管理的相关知识，进行有效的情绪激发和情绪沟通，利用情绪管理技巧解决实际问题。

知识目标

了解业主情绪管理的误区；掌握业主情绪激发的基本知识；重点掌握业主情绪沟通与管理的技巧。

【案例引入】

装修风波

某物业小区规定，为了保持大堂整洁，运送所有装修材料和装修垃圾都要走二层电梯厅。某从事质量体系认证工作的业主自称与某领导认识，又与某开发商是朋友，在装修时无视物业规定，硬把水泥、灰渣等材料堆放在一层大堂的门边，装修工人在搬运过程中，将一层大堂搞得脏乱不堪，大堂保安上前制止时，与他们的装修工人发生了冲突。双方在推搡时，业主的老母亲不慎摔倒，该业主报了警。项目经理到达现场时，看到该业主情绪激动，而警察的立场明显倾向于业主一方，项目经理马上意识到，现在不是讲理的时间和场合，应该立刻控制事态、尽力平息。于是他当着现场所有人及几位警察的面向业主的母亲深深地鞠了一躬，代表他自己，也代表管理处对老太太摔了一跤表示深深的歉意，并诚恳地请求先安排老人看病，所有费用由管理处支付。当时业主一方所有人激动的情绪一下子平息了，口气也变得缓和起来。最后，业主对该管理处工作提出一些建议。例如，规定装修材料必须走二层电梯厅，就应该在双方签订的《装修管理协议》中书写明确，提得很有道理。事后项目经理几次拿着水果亲自去探望该业主的母亲。现在，这位业主与物业管理人员已成为好朋友。

请思考

面对业主情绪失控时，作为物业服务人员应该如何应对？

物业服务企业实施的各项管理与服务都应该建立在"以人为本"的服务理念之上。有人把我国物业管理的服务理念发展概括为：被动服务、主动服务、感动服务。感动服务是人文关怀与服务的结果形式。从保安、保洁、绿化到维修，从车辆管理、装修管理到代收代缴水、电、气费等都与业主生活息息相关，物业服务企业的管理是否到位、服务是否周全、措施是否得力，业主都看在眼里、记在心里。业主想到的物业服务企业已经想到并且做到了，业主没有想到的物业服务企业也想到和做到了，业主为此而感动。当业主被物业服务企业的人文关怀所包围的时候，也就是物业服务企业实现了对业主情绪的有效控制，为创造温馨和谐的环境打下了坚实的基础。如果业主报修得不到及时处理，业主投诉得不到及时回复和满意答复，业主合理化建议得不到采纳，业主得不到关怀、关心和理解，更有甚者，某些公司以低价进入小区管理后，以牺牲业主的长期利益来弥补物业服务企业的短期利益，终究有一天，业主的情绪会爆发、会宣泄，会给物业服务企业带来严重的经营危机。

在物业服务的全过程中，对设施设备、公用部位、清洁绿化的管理，对一个比较专业的物业服务企业来说，按照规范、按照流程操作都不是难事。但是对人的服务，却不是轻易能做好的。人是感情动物，有思想、有情感、有嗜好、有企图，具备人性的优点也具备人性的弱点，对待一个人尚且不易，何况物业服务企业面对的往往是一个人群。只有采取一系列有效的措施，才能有效控制好业主群体的情感情绪，才能真正体现企业不可复制的核心竞争力。

一、业主情绪管理的误区

（一）业主情绪管理就是察言观色，让业主开心

业主情绪管理，是以"情绪"为启动点，提供最能让业主觉得满意、愉悦的服务，简单地把业主情绪管理错误地理解成只是要拉近与业主之间的距离，逢年过节打个电话、送个贺卡，甚至采用为业主过生日等方式而获取业主的信任和好感，则未免过于浅薄。

"面带微笑、照顾周到、待客礼貌、可劲讨好"是远远不够的，这种做法只会导致在管理与服务活动中注意形式、手段而做不到真正关注业主的情绪体验，这些东西虽然不可少，但对业主来说，不是决定性因素。服务必须能够满足业主的真正需要，否则服务人员再怎么礼貌有加都不能转移业主对服务质量的关注。

（二）对业主情绪关注到购买阶段就结束了

许多人都认为，消费行为到购买阶段即告结束，业主缴纳了物业费就可以心安理得地认为剩下的时间就不再和这些有关。常常在投诉接待、纠纷处理结束后就放松了对业主的关心，享受成功交易带来的轻松，就此结束了与业主的沟通是一个不可饶恕的错误。业主在缴纳了物业服务费后，实际上是相当于买了服务产品，在购买完产品之后并非立即将产品丢弃，而是使用它，然后会产生满意或不满意的感受。这些感受会影响其对产品的态度及下次购买的行为。此外，还会把使用感受告诉亲友和其他业主，影响其他业主的思想。

事实上，业主的情绪反应中含有大量的信息，而这些信息对企业的发展与生存是非常重要的。企业的业务经营过程是一个周而复始的循环圈，它首先从公司投入人力、财力开始，然后将分析的结果反映到战略计划部门，以供战略计划部门制订计划，并将意图反映到具体业务部门，体现到管理服务中。一旦这些管理服务落实之后，公司再对结果即反馈信息进行评价，以确定新的信息，反映管理服务质量的不足与优势，再将业主的意愿反映到管理服务中。

从业主的情绪里收集信息远比直接向人群问卷调查获得信息的成本更低、收效更大。因为采取过购买行为的业主已经对产品或服务表示了很高的兴趣，是公司应当重点关注的目标人群。

【案例思考】

付费前后

在计算机行业刚刚兴起的前几年，在《北京青年报》上读到过这样的报道。

一位先生，禁不住高科技的诱惑，就去了中关村科技一条街。踏入一家计算机商店，得到了店员的殷勤接待。由于买主是个十足的"机盲"，只是"跟风"，所以他要求试一下机，当然没问题。店员熟练地对机器进行了一些操作，然后告诉买主：没问题。

店员在此期间一直笑容可掬，殷勤得很，但买主交完钱后，店员的态度即刻冷淡下来，摆出一副爱理不理的样子来。这位买主说："立刻，一种被愚弄的感觉在我心中涌了上来……"

请思考

该店员的做法错在哪里？

提示：人还没走，茶就凉了。这种做法很不正确。当先前的热情被客户当成只是为了卖东西而作出的姿态时，当然会觉得受到了愚弄，情绪上大受刺激。可以想象，这位先生再买计算机配件的时候，绝不会到这家店里来了。

客户的情绪是逐渐上升的，而且总是在需要服务时，才赫然发现需求与服务的落差且求助无门。很多物业管理公司过于重视近利，反而忽略长远的终生价值，对企业而言，这是难以弥补的伤害。所以，在追求企业成长，尤其希望能打造永续经营时，就需要把眼光放远，不但要重视当前价值，还要进一步创造和提升客户终生价值。

（三）企业与业主是对立的角色

许多人以为，买卖双方之间的关系必然是一种"敌对"的关系，卖方的得益等于买方的损失，买方的占便宜等于卖方的吃亏，认为企业与客户的利益"水火不相容"。对客户情绪的关注，是为了在交易中操纵和控制客户，从而占据有利的形势，获得更大的利益。商场如战场,你死我活,各种各样的手段都是为了赢得成功。这种心态将会导致企业与客户在交往中产生心理上的障碍,因为情绪交流如果不是以成功为基础的话,反而会对双方的情感造成伤害。

事实上,卖方和买方有着某种程度的"共生"关系,生产面与需求面是互相刺激、互相提升的。以消费者权益保护为例,表面上看,加强保障消费者权益等于为生产者带来更大的束缚,昔日卖方可以乱抬价格而不受抵制、可以粗制滥造而不遭惩罚、不赔本;如今消费者自我保护意识高涨,这些统统行不通了,卖方必须货真价实、童叟无欺。然而,就长远来说,这是一个好现象。因为消费者权益保护法塑造了一个公平的交易平台。一方面,令不良厂商失去鱼目混珠的生存空间,降低了发生"劣币驱逐良币"现象的可能性;另一方面,增强了消费者的购买信心,有助于正当厂商拓展市场。换言之,消费者权益保护法其实不仅保护买方,同时也保护卖方,正当厂商应该予以支持。买方与卖方之间的关系,应该是"互利"而非对立。

(四) 企业必须让100%的业主高度满意

几乎所有的人都知道"客户就是上帝"这句至理名言,很多服务人员也被一再告诫客户是公司利润的源泉,让所有的客户对公司的产品或服务感到100%的满意是任何公司追求的目标。100%的客户满意程度是一个值得追求的目标吗?

果农们都知道这个道理:摘去一些羸弱的果实有助于获得更好的收成。许多农民在种植蔬菜和粮食作物的时候也会多撒下一些种子,然后再作适当的选择,这样通过将有限的资源合理进行分配就会收到最大的效果。同样地,作为企业最宝贵的资源——客户,服务人员也需要对其进行适当的分类和筛选,这样才能实现人力、物力的最好回报。

19世纪意大利经济学家帕累托(Bilfredo Pareto)曾提出"重要的少数与琐碎的多数"原理。即在任何特定的群体中,重要的因子通常只占少数,而不重要的因子则占多数,因此,只要控制重要的少数,就能控制全局。这个原理是帕累托经过多年研究并率先发表的一项研究成果,接下来则成为"80/20"定律,也称帕累托定律,"80/20"定律的具体表现如下。

* 80%的销售收入来自20%的用户。
* 80%的生产量源自20%的生产线。
* 80%的病假是由20%的职工所有。
* 80%的档案使用量集中在20%的档案上。
* 80%垃圾来自20%的地方。
* 80%的付洗物来自20%的衣物。
* 80%的看电视时间都花在20%的节目上。
* 80%的阅读书籍都是取自书架上20%的书籍。
* 80%的读报时间都用在20%的版面上。
* 80%的电话都来自20%的发话人。
* 80%的讨论都出自20%的讨论者。
* 80%的教师辅导时间都被20%的学生所占用。

* ……

企业80%的利润来自20%的客户,这个数字也已经被企业经营的事实证明,少量的客户为企业创造了大量的利润,每个客户对企业的贡献率是不同的,因此,企业不应忽视这一部分少量客户。

(五)要让业主满意,就是要一切都听业主的

大部分人对许多领域的服务不是很在行,他们往往只根据自身情况提出要求,从而由于知识或信息的限制而作出错误的决策,这种错误的后果毫无疑问该由业主本人承担,但业主会因此而产生消极情绪。

【案例思考】

为客户着想 让客户感动

张小姐在美容院扎了耳孔后,来到一家银饰店,准备买一副银质的耳钉或耳环。

服务员了解了张小姐的情况后,不但没有向她介绍自己的商品,还建议她去另一个卖金首饰的地方。"刚扎的耳孔最好买一对金质的",服务员说。都说同行是冤家,但服务员的做法顿时让张小姐非常感动。

不仅如此,这个服务员还建议说,对于刚扎的耳孔,戴耳钉比耳环更适合。而且,她还向张小姐介绍了各种耳环、耳钉的性价比,甚至还提供一些首饰店打折时间段。张小姐觉得自己的健康受到关心,很是感动。

请思考

1. 该服务员的做法好在什么地方?
2. 该案例对你有什么启示?

_____

_____

_____

提示:在这个案例中,服务员本可以听张小姐的,自己做了生意,也就是"听客户的"。但是,服务员向张小姐推荐更适合她的东西,赢得了张小姐的真心感动。

二、业主的情绪激发

曾担任过盟军最高统帅的艾森豪威尔将军,有一次在会议中将一根绳子丢在桌上,然后开始从绳子的一端往前推动,结果当然是徒劳无功。艾森豪威尔将军对与会的其他将军们说,领导工作也是这样,"驱使"将徒劳无功,但要是"吸引"的话,真是要怎样就可以怎样。说完,他就将这根绳子拉来拉去,无往不利。

对业主的情绪管理也是如此,不是把"感受"打成一个包,塞给业主,而是通过企业

的管理与服务为引导，引发业主特定的情绪，将企业和企业的服务结合起来。很多时候，人们的情绪处于"冬眠"状态，深深地潜藏在内心世界，焦急地期待着一星火花将它引燃、让它迸发。一旦人们真情流露，就会获得一次愉快的心理历程，绝大多数正常人都渴望得到情绪的激发。

（一）情绪激发概述

情绪激发是指人群中的个体由某一情绪所激发并最终被该情绪所控制，人群中的情绪由激发进而相互传递（相互感染）并最终控制了整个群体，当人群被某一情绪控制后，人群便极易受到外部建议的控制并受其指挥参与某一激烈的行动。

情绪激发应以业主内在的情感为诉求，通过激发和满足业主的情感来实现服务目标。情绪激发的目标是创造情感体验，其范围可以是一个温和、柔情的情绪，也可以是快乐、自豪，甚至是激情的、强烈的激动情绪。业主的情绪激发需要的是真正了解什么刺激可以引起某种情绪，以及怎样使业主自然地受到感染，并融入情境中。

人们之所以购买某种唱片，表面上或许是因为他们喜欢其中某一首歌或是灌唱片的歌唱家，但实际上是因为特定的音乐和歌词会激发他们的情绪。人们为什么会对球赛那么着迷，仅仅是为了看自己喜欢的球队的比赛吗？当然不是，真正的原因是，在比赛中他们的情绪可以得到激发和释放。

（二）情绪激发的步骤

要想打动业主，就必须选择并制造最有效的情绪，并把这种情绪与你想提供的服务水平与服务内容联系起来。

首先，选定想激发的情绪类型，最强烈的积极情绪是激动、爱、欢笑、恋爱，情绪是复杂的、多种多样的，要根据服务水平和服务内容的特性和目标客户的情况确定选择。

其次，让客户切实感受并能体会到这种情绪，通常会使用画面、面部表情和说话神态，以及富有情感的内容来实现和强调这些东西；然后，将这种情绪和服务内容直接联系起来。建立情绪和强调人们正在经历之后，一定要让客户感知到这种情感与你提供的服务内容之间存在着某种因果关系。

在通常情况下，管理与服务本身是难以提供情绪激发的，即使在微笑服务和周到服务等方面作了努力后仍然如此。即情绪激发需要载体，需要借助特定的表现工具才能真正实现。很多时候，业主并不知道怎样接受服务内容和形式，甚至不知道自己是否需要这种服务，但毋庸置疑，任何人都会需要某种适宜的情绪激发。物业服务企业可以在服务内容及形式上和强烈情绪之间创造一个极富感情的动人场面，然后迅速把该服务同这一场景有机地联系在一起。

三、情绪沟通

情绪沟通是一种理性和感性的混合交流，是更高层次的沟通方式。当遇到重大投诉和疑难问题时，就要充分利用情绪沟通方式，以继续维持与业主的良好服务关系。物业管理人员与业主之间理想的情绪沟通结构应为混合多向型，这种结构既注重沟通双方的情感关系，又重视沟通双方的个性特征，使双方能够相互谅解、互相照顾、密切联系、协调配合。情绪沟通是与业主进行的高层次沟通，它以彼此的信任为基础，一般沟通很难达到这样的层次。

(一) 情绪沟通的七个要点

1. 时机

物业服务人员与业主的情绪沟通必须注意时机，否则很可能事与愿违。例如，在与人交往的过程中，开头与结尾常常给人留下深刻的回忆和印象。尤其是最后一刹那感受的强烈印象，更能左右对整体的印象。

2. 思维习惯

所谓思维习惯，是指人的思维活动在不断的发展过程中逐步形成的一种自觉性、习惯性的思维方式。遇到一个满脸污渍的人，如果看到的并不是这个人脸上的污渍，而是这个人在污渍掩盖下漂亮的脸蛋和超人的气质与魅力，这说明你具有非凡的观察力，"看到别人美丽脸上的污渍"和"看到别人美丽的脸庞"是两个根本不同的思维习惯观察到的结果。证明你不是以"纠正"而是以"挖掘""激励"为主体意识，并已形成自己的习惯性思维方式。不同的文化特点决定了不同民族对某些现象有不同的思维习惯。例如，中国人认同"上升"等词汇，如代表好运的步步高、青云直上、飞黄腾达等。作为物业管理人员必须掌握业主群体的思维习惯方式。

3. 方式

物业服务人员与业主交往要以独到的眼光，根据业主的特点，运用不同的方式，来拉近彼此的距离。

要给人送花，不会简单地买一把花送过去了事。一般会是看病人送康乃馨，情人送红玫瑰。去机场接一个久未谋面的老友，会献上一大束鲜花。此外，送鲜花都要有精致的包装，否则会给人一种漫不经心的感觉。给别人的老婆送红玫瑰或勿忘我，多半会被人认为别有用心。

当业主情绪激动时，应该采取"低位坐下"的方式，这样不至于让业主拍案而起，能够有效缓冲业主的激动情绪，为接下来的沟通奠定良好的基础。

4. 分寸

让客户感觉愉快并不等于一味热情、亲近，去拉近与客户的关系，而保持适当的距离很重要。一般人在商场闲逛，会讨厌别人过分热情向自己介绍各种产品，而希望一种宽松的环境。而当想了解某一产品的情况时，就希望营业员很快出现在自己面前。热情而"无度"，有礼而"无距"，不仅不能使客户感到舒适、方便，反而适得其反。

5. 真诚

要管理好客户情绪，就必须出自真诚，给客户愉快感受，说了做不到，说假话，做不真诚的事，都比不说、不做还要糟，会彻底失去顾客的信任。例如，有的厂商对客户实行表面的关怀管理，逢年过节给客户发贺卡，但当客户真有问题要他们解决时，他们就不理不睬了，这样很容易失去潜在客户。

6. 关注细节

对于企业来说，有很多事半功倍的办法，将客户放在第一位不能光在口头上说，而应体现在服务的每一个细节里。例如，很多商场有专门为孩子们设计的购物车，这种经过简单改造并挂有一些孩子们喜欢的卡通造型的购物车，能让孩子们推着去购买自己喜欢的商品。还有海尔集团的服务承诺，在安装空调等电器后，客户会接到征询客户意见的电话，让客户感受到特别的关怀服务。

7. 体验客户的情绪

中国人有一句古话叫作"给人穿小鞋"。穿小鞋一定会不舒服，每一个人买鞋子都会去买适合自己脚的鞋子。但是，做服务工作却正好相反，是需要把你的脚装进不同号码的鞋子中，而且还要穿得很舒服。要买一双适合于客户穿的鞋，服务人员就必须先去亲自试穿一下这双鞋，看看穿着是不是舒服？不舒服的原因是什么？优质的服务也是一样，你只有设身处地去了解客户的需求，并根据他的具体情况来选择一双"最合脚的鞋子"给你的客户穿，这样你所提供的服务才算是真正意义上的优质服务。企业要给客户良好的情绪感受，就是要学会"穿客户的鞋子"，即把自己放在客户的位置，去实际体验。例如，某些银行推出的针对大客户的贵宾卡服务，即到银行的各营业厅窗口办理业务时不需要排队，可以优先办理。但因为没有为大客户专门开一个窗口，结果当客户越过长队直接要求这种优先权时，却会遭到排队人群的集体谴责，使客户感到沮丧。

（二）情绪沟通的技巧

1. 假使业主不同意你的看法时，也要认可业主可以有自己想法的权利

物业服务人员可以针对业主的理解能力，举出适当的事例支持自己的想法，做到因材施话；坦诚地分析双方的意见，不压制业主的任何意见，尊重业主的感觉，这样自然会赢得业主的尊敬。

2. 用积极的态度分享业主的感受

无论业主是诉苦还是报喜，最好能够暂停身边的工作，坐下来仔细倾听；如果不能暂时停下来，也要在边工作边聆听的时候，向他回应自己的想法和感受。倘若只是敷衍了事，业主接收不到回应，日后就不会主动沟通，也会对物业服务人员产生成见，从而对物业服务人员今后的工作产生不利影响。

3. 用语言引导业主表达自己真实的想法

有时候业主未能以适当的语句表达心中之意。例如，当业主生病时说："告诉你，我平时最恨医生！"乍听起来令人惊讶，但只要试着了解："哦，他做了什么事情让你这么憎恨

呀？""业主就会回答你的疑问："有的医生乱开药，而且药价很高！"这样一来，你就明白业主说话的真实意思了。

4. 表示理解和接纳

有时候，当业主自己都不清楚自己的情绪反应时，最好能够表示出理解和接纳，这样业主就会有更加深刻的认识，也会与物业服务人员有更好的沟通。如此一来，不仅能帮助业主稳定情绪，双方还可以建立起彼此信任的关系。

5. 及时调整情绪温度线

情绪温度线是人理智和情绪之间的界限，人处理事情的最佳状态是情绪和理智处于平衡状态的时候，如果情绪（尤其是负向情绪）线超过平衡线时，人就会失去理智，冲动行事。当业主情绪处于失衡状态时，一定要及时调整情绪温度线，给情绪降温，让业主恢复理智与情绪的守衡状态。此时不要急于解释、指责、敷衍等，应该先处理业主的负向情绪，再处理当下的事情。

【案例思考】

业主的愤怒

早上8点钟，小陈准时坐在了物业服务中心前台接待的位置上，开始迎接新的一天。正在小陈认真查看前一天的接待记录以便解决未完成的工作时，业主刘小姐突然闯了进来，面部泛青，看似气势汹汹，后面跟着一位陌生的女士。小陈放下手中的资料，按照礼仪规范，微笑着站起身向来者点头示意："你们好！请问有什么可以帮助你们的吗？"刘小姐表情有些气急，大声问道"你们领导在哪里？我有事找他！"小陈依旧平静地面带微笑："实在对不起，我们主管和经理现在都有事要处理，暂时没空。你们先请坐吧，我给你们倒杯水，有什么事可以先和我说，我会尽力帮助你们。"

请思考

1. 请运用所学的知识分析刘小姐的表情代表着怎样的情绪状态？
2. 小陈的处理方式对吗？

提示： 当业主走进物业服务企业时，物业服务人员要努力做到以下几点。

首先，察言观色，注意来访者的表情。无论任何表情，都要平心静气，不能受对方的影响而慌乱。

其次，在没有弄清楚事情的缘由之前，即使业主要求见领导，接待人员也不要轻易请领导出面，如果问题比较严重，接待人员无法亲自解决时，再请领导出面也不迟。

最后，亲自为业主倒水，既符合规范，又缓解了来客的情绪。

刘小姐坐下后，语气有些缓和，向小陈道出原委。原来，坐在旁边的这位女士是刘小姐的朋友，今天一早来刘小姐家做客，小区门口的保安让她等候一下，说需要通报业主并登记。刘小姐向保安确认来人是她家的客人并表示可以进来后，等了好久都不见客人上来。过了一阵，保安又通知刘小姐客人没有有效证件，无法登记，请刘小姐到小区入口处在登记表上确认后才可以放行，可刘小姐当时有事抽不开身，根本无法离开，而保安坚决不准放行，致使来访客人在门口等了40分钟才进入。刘小姐气不过，就径直和朋友一道来物业服务中心投诉。刘小姐说："你说你们这是为业主服务呢，还是为业主制造麻烦呢？"

在刘小姐讲述事情经过的过程中，小陈自始至终没有插一句话，而是非常认真地倾听，并且不时地向刘小姐点头，示意她已明白刘小姐所要表述的意思。

请思考

当业主投诉时，服务人员应该怎样做？

提示：在此过程中，尤其是业主的心情比较急切和恼火时，服务人员一定记住不要打断业主，不可以有不专注的表现，而应与业主保持随时的交流。

刘小姐讲述完毕后，小陈没有立即答复，而是停顿了几秒钟，然后语气平和地向刘小姐解释说，保安之所以这样做，确实是依照物业服务中心的有关规定：为了保证社区内业主和住户的人身及财产安全，制定了控制外来闲杂人员出入的规定，对外来人员严格执行检查有效证件及登记的制度。

刘小姐打断了小陈，语气还是有些气恼地说，即使有规定，也可以根据实际情况变通的，她当时有事无法离开，又已经确认了来客是她的朋友，保安本应该放行，可是却让她的朋友等了这么久。如果保安不放心，完全可以陪同客人一起到她家再签字确认的，保安的灵活性太差了、太死板了。

听了刘小姐的批评和建议，小陈没有再争论下去。她在以往同刘小姐的接触中了解到，刘小姐性子比较急，认准了一个道理后不太容易改变，而且往往有一些偏激，同时还有一点吃软不吃硬的性格。小陈知道再争论下去也是没有用的，只能导致比较糟的结果，便决定顺着刘小姐的性子，以退为进。

小陈随即接受了刘小姐的批评，并向她及她的朋友表示了歉意，承认物业服务中心的工作没有做到位，缺乏灵活性，给业主的生活带来了不便，并表示会向主管领导反映刘小姐的建议，在以后的工作中加以修正和改进。

请思考

业主坚持己见或固执时，接待人员最好的处理方式是什么？

提示：首先，接待人员在听完业主的投诉后，没有马上作出回应，而是做了简短的停顿，这样可以使客户感觉到接待人员对问题的重视及审慎程度比较高。

其次，在陈述相关规定时，接待人员必须熟练掌握相关专业知识，并能准确应用。

再次，依接待经验和对对方性格的判断，采取适合对方性格特点的策略，对沟通有很大的帮助。

最后，在业主向物业服务中心提出中心工作的不足之处并坚持己见的情况下，如不违反原则，应适时谦虚地接受对方的批评意见，这样可以在后面的沟通中让业主心情变得舒畅，心态逐渐平和下来，以便更进一步地深入话题而不会招致业主的反感。

听了小陈的一番话，刘小姐的心情开始趋于平静，表示接受小陈的道歉，并希望以后尽量不要再发生类似的事情。她说："你们物业服务中心是为业主服务的，就应该处处为业主着想，不能总给业主制造麻烦呀！"小陈也感谢刘小姐能为物业服务中心的工作提出建议和意见，随后话锋一转说："我们工作的主要目的是为大家服务，为广大业主和住户创造一个安全、舒适的居住环境。有时可能为了大部分住户的安全利益，会给小部分住户带来一点不便和麻烦，这就希望小部分住户能理解我们的工作，为大局着想。当然，我们也会适时灵活掌握，尽量不给住户造成不必要的麻烦。同时，为了保证大家的人身和财产安全，还需要我们双方密切合作，有了你们的支持和协助，我们的工作才会越来越完善，我们的社区才会越来越美好。"

刘小姐面对小陈的诚恳，欣然接受了她的想法，并表示一定会尽力支持与配合物业服务中心的工作。

请思考

处理投诉的终极目标是什么？为什么？

提示：在处理业主投诉事件中，抚平业主急怒的情绪使其心情平静下来，并不是接待人员的最终目的，能圆满地解决问题才是真正的目的所在。在气氛缓和之后，小陈适时地表明物业服务中心的立场，并请刘小姐支持与配合，其实是在不经意间提醒了刘小姐，物业服务中心的工作人员还是会按照相关规定来操作，不会因随意的违规而损害大部分业主的利益。

四、业主情绪管理的技巧

(一) 表达服务意愿

向业主表明物业服务人员乐于为他们服务,因为,业主更在意你会怎么说、说什么。这时,业主将根据你的服务意愿和态度来判断是否接受服务。在此过程中,一定要做到与业主的每一次接触都是积极主动的,同时避免有先入为主、以貌取人等错误的偏见和表现。

尽量使用"我会……"这样的词汇,因为这样物业服务人员和业主都会受益。

许多业主听到"我尽可能……"后,会感到很生气,因为他不知道"尽可能"有多大的可能性。但当业主听到"我会……"后,就会平静下来,因为你表达了自己的服务意愿,以及将要采取的行动计划,业主会感到满意。

通过使用"我会……"这一技巧,物业服务人员自己也能从中受益。当说"我会……",而且列出了你要采取的步骤时,就给了自己一个好的开端,脑子里会明确自己所必须采取的行动。

例如,在物业服务中,如果在业主投诉时对他说:"我明白您的意思,工程部的那帮家伙经常乱来,真对不起。"这时业主就会认为:"我不管谁乱来,我要解决问题。"因此应该说:"我明白您的意思,我会跟工程部协商一下,一小时后给您一个答复"之类的话。

(二) 体谅业主情感

当业主有不满或意见时,作为服务人员,要做的就是请业主发泄不满。做到表示关注他人的感情,关心他人,培养双方和睦关系及感情,体现对业主的尊敬及对其情感的认同。

在实际的物业管理中,可以使用 3F 客户服务法,即客户的感受、别人的感受、发觉 (fell, felt, found)。3F 是一种表示体谅、理解、答复的主体结构,你可以在 3F 的基础上附其他的答复。这种技巧承认客户的感受,并且提供一种客户能听得进去的解释:

"我理解你怎么会有这样的感受 (Fell),其他人也曾经有过这样的感受 (Felt),不过经过说明后,他们发觉 (Found),这种规定是为了保护他们的安全。"

1. 善于说"你能……吗?"

说"你能……吗?"以缓解紧张程度,同时有以下作用。

① 消除人们通常听到"你必须……"时的不愉快。这 3 个字会令大多数人恼火。用"你能……吗?"是得到你想要的东西的一条快捷途径。

② 避免责备对方"你本来应该……"或"你犯了个错误"所带来的不利影响。当客户听到"你本来应该……"时,几乎会不由自主地产生防范心理。

③ 保证对方清楚地知道你需要什么。"要是星期五能完成报告的话就好了。"远远不如这句话明确:"请星期五完成报告。"

"你能……吗?"一般在当你急于通知对方或原来的要求没有得到满足的时候使用。例如,你希望上周得到答复,但没有得到,为了减少这类问题,你可以说:"你能在周末以前给我答复吗?"

2. 善于说"你可以……"来代替说"不"

① 当你婉转地说"不"时，会得到别人的谅解。设想一下，如果别人对你说了下面的话，你会有何感受："今天不行，你必须等到明天才有材料。"更婉转一点的说法是这样："你可以明天拿到材料。"我们更乐于听到我们可以做什么。

② 使用这一技巧可以节省时间，否则，你必须回答大多数人紧接着就会问的问题："你说今天不行，好，什么时候行?"

③ 使用"你可以……"会令新的工作更容易。许多人的发现是"不"十分困难，愿意找到一种方法帮助自己表达同样的意思。该方法就起到了这一作用。

"你可以……"一般在你不能完全满足业主的要求，但你的确还有别的办法；尽管你可能立刻帮不上忙，但是却想表达你的真诚，乐于为对方提供服务；业主可能对自己要什么并不明确，给他提个建议通常在能激发他思路的时候使用。

（三）反馈式倾听

对方有情绪反应时，既不能争执也不能面无表情的聆听，也不能拿出笔记本记载，最好的反应就是进行反馈式倾听。眼睛忽大忽小、不时微微点头、身体左右摇晃一下等等表示我们在认真听取业主的反馈意见。

（四）重复对方的话语

比如说有人来投诉，在对方讲完自己的观点以后，我们可以进行重复："万先生，您对我们公司提出的意见我们觉得十分重要，我归纳总结了一下，一共有11点，我跟您确认一下，您看是否有遗漏?"

（五）表示承担责任

物业服务人员可以把自己的姓名告诉业主，这样会得到业主的信任，同时，向业主明确保证你将负责替他/她解决问题，并确保该问题能够令业主得到满意的解决。同时，还务必要做到言出必行，但要注意说话的技巧，物业服务人员承诺的是一种态度，千万不能承诺结果，因为结果是不能控制和把握的，而态度则是物业服务人员能够控制的。

【补充阅读材料】

物业服务人员日常用语

1. 迎接业主时说"欢迎""欢迎您光临""您好"等。
2. 感谢业主时说"谢谢""谢谢您""多谢您的帮助"等。
3. 听取业主意见时说"听明白了""清楚了，请您放心"等。
4. 不能立即接待业主时说"请您稍等""麻烦您等一下""我马上就来"等。
5. 对在等待的业主说"让您久等了""对不起，让您等候多时了"等。

6. 打扰或给业主带来麻烦时说"对不起""实在对不起,给您添麻烦了"等。
7. 向业主表示歉意时说"很抱歉""实在很抱歉"等。
8. 当业主向你致谢时说"请别客气""不用客气""很高兴为您服务"等。
9. 当业主向你道歉时说"没有什么""不用客气""很高兴为您服务"等。
10. 当听不清业主问话时说"很对不起,我没听清,请重复一遍好吗?"等。
11. 送业主时说"再见,一路平安""再见,欢迎下次再来"等。
12. 当要打断业主的谈话时说"对不起,我可以占用一下你的时间吗?"等。

物业服务人员的"七不问"

1. 不问年龄。不要当面问业主的年龄,尤其是女性。也不要绕着弯想从别处打听业主的年龄。
2. 不问婚姻。婚姻纯属个人隐私,向业主打听这方面的信息是不礼貌的。若是向异性打听,则更不恰当。
3. 不问收入。收入在某种程度上与个人能力和地位有关,是一个人的脸面。与收入有关的住宅、财产等也不宜谈论。
4. 不问地址。除非是要去业主家做客(那也得看别人是否邀请你),一般不要问业主的住址。
5. 不问经历。个人经历是一个人的底牌,甚至会有隐私,所以不要问业主的经历。
6. 不问信仰。宗教信仰和政治见解是非常严肃的事,不能信口开河。
7. 不问身体。对有体重问题的业主,不要问他的体重,不能随便说他比别人胖。不能问业主是否做过整容手术,是否戴假发或假牙等。

【复习思考题】

1. 业主情绪管理的误区是什么?
2. 如何进行业主情绪的激发?
3. 在物业管理中,如何更好地进行情绪沟通?

模块五 有效沟通

项目十一　理解业主的技巧——倾听、提问与复述

【学习目标】

能力目标

与业主交流时，能进行有效的倾听，并能进行合理的提问和复述，以获得更多的信息，化解矛盾。

知识目标

掌握倾听的层次、步骤，提问的目的及复述的基本知识；重点掌握有效倾听、高效提问和复述的技巧。

【案例引入】

不会倾听，我挨了骂

小时候我脾气不好，在家里是很任性的，说白了，我从来没有想过做物业管理这一行。我在武警学校学了很多种拳术，我的理想就是做一名武警战士，穿着制服在大街上巡逻。

可是命运有时候是很奇妙的，一次物业服务企业到学校招人，彻底改变了我的命运。我到了深圳的一个小区，做起了接待员，整天和业主打交道。开始，我很不适应，我的性格那时候像个假小子，说话很冲，也不会察言观色，直来直往，当时得罪了不少业主。

一天在我值班的时候，有位业主来到物业服务中心，说楼下美容美发廊晚上总有一种声音，怪怪的，像是水泵的声音，闹得他们全家都睡不好觉，希望物业服务中心出面解决。我愣头愣脑地没等业主把话说完就打岔："是发廊，不会吧。B座好像没有呀，那底下商铺有个口腔诊所，还有个宠物医院……"

我的话还没有说完，那位业主满脸不高兴，气冲冲地说："小姐，你叫什么名字，你怎么瞎打岔，我的话还没有说完你就抢话，真讨厌，看你说话的腔调，一口煎饼味，好像还能闻出大葱的味道，是山东人吧？"我点头默认，那位业主接着抢白我说："小姐，我说的是A座，

不是 B 座，看你的样子，土了唧的，山东什么地方的？"后面跟着一大堆难听的话。

后来我了解到，这位业主住 A 座 204，楼下的美容美发廊膝头间安装了个水泵，以增大水流的速度，这种水泵的声音白天是感觉不到的，而到了晚上 12:00 以后，声音特别明显，确实让人难以忍受。我及时把这项投诉汇报给客户服务经理韦小姐，她亲自出面到业主家里了解情况，业主对物业服务中心的工作是肯定的，同时提到有位新来的小姐，很不会说话，不懂得说话的艺术，怎么能随便打断别人的话，很没有修养，不懂得倾听的艺术，希望抓紧培训，否则，要砸物业服务企业的牌子等。

通过物业服务中心做工作，发廊把水泵从墙上转移到地面上，噪声就此解决。而我每次见到这位业主，都会流露出歉意的眼神，而这位业主每次都会报以善意的微笑。

请思考

1. 面对业主的投诉，物业服务人员应该怎么做？
2. 这种做法的心理学原因是什么？

提示：倾听是理解和关心的表现。倾听时，注意力应完全集中到对方的话语上，做到好像完全接受对方所说的话，而不去评判话的内容和说话方式，真正做到全力投入，心无二用；同时，注意眼神、手势等的运用，不能东瞅一下、西看一下，显出心不在焉的样子。

一、倾听的技巧

"上天赋予我们一个舌头，却赐给我们两只耳朵，所以我们从别人那儿听到的话，可能比我们说出的话多两倍。"

这句话是希腊哲人说的，值得每个人放在心上。

（一）倾听的定义

倾听是一种情感的活动，它不仅仅是耳朵能听到相应的声音。倾听还需要通过面部的表情，肢体的语言，还要用语言来回应对方，传递给对方一种你很想听他说话的感觉。因此，可以说倾听是一种情感活动，在倾听时应该给客户充分的尊重、情感的关注和积极的回应。暂时忘掉自我的思想、期待、成见和愿望。全神贯注地理解讲话者的内容，与其一起去体验，感受整个过程。倾听是一种管理技巧，可以通过学习和锻炼得到提高。

倾听的"听"字在繁体中文写作"聽"，里面有一个"耳"字，说明听字是表示用耳朵去听的；听字的下面还有一个"心"字，说明倾听时要用"心"去听；听字里还有一个"目"字，说明你听时应看着别人的眼睛；在"耳"的旁边还有一个"王"字，"王"字代表把说话的那个人当成是帝王来对待。

从听字的繁体结构中可以看出，倾听时不仅要用"耳朵"，还要用"心"、用"眼睛"，更重要的是，要把你对面的那个人当成是帝王，充分地尊重他。

（二）倾听的五个层次

在沟通倾听的过程中，因为每个人的倾听技巧不一样，所以看似普通的倾听却又分为以下五种不同层次的倾听效果。

1. 听而不闻

所谓听而不闻，简而言之，是不做任何努力地去听。听而不闻的表现是不做任何努力，你可以从他的肢体语言看出，他的眼神没有和你交流，他可能会左顾右盼，他的身体也可能会倒向一边。听而不闻，意味着不可能有一个好的结果，当然更不可能达成一个协议。

2. 假装倾听

假装倾听就是做出倾听的样子让对方看到。当然假装倾听也是没有用心在听，在工作中常有假装倾听现象的发生。例如，在你和客户交谈的时候，客户有另外一种想法，出于礼貌他在假装倾听，其实他根本没有听进去。上下级在沟通的过程中，下级惧怕上级的权力，所以做出倾听的样子，实际上没有在听。假装倾听的人会做出倾听的样子，他的身体大幅度的前倾，甚至用手托着下巴，实际上是没有听。

3. 选择性的倾听

选择性的倾听，就是只听一部分内容，倾向于倾听所期望或想听到的内容，这也不是一个好的倾听。

4. 专注倾听

专注的倾听就是认真地听讲话的内容，同时与自己的亲身经历作比较。

5. 设身处地的倾听

不仅是听，而且努力在理解讲话者所说的内容，用心和脑并站在对方的利益上去听，去理解他，这才是真正的设身处地的倾听。设身处地的倾听是为了理解对方，多从对方的角度着想，他为什么要这么说，他这么说是为了表达什么样的信息、思想和情感。

如果对方在说话的过程中，身体却向后仰过去，那就证明他没有认真地与你沟通，不愿意与你沟通。当对方在沟通的过程中，频繁地看表也说明他想赶快结束这次沟通，你必须去理解对方。对方如果有急事，可以约好时间下次再谈，对方会非常感激你的通情达理，这样做将为你们的合作建立基础。

（三）倾听的步骤

1. 停

当业主前来拜访时，应该停下手中的工作，给对方应有的注意。即使是短暂的注意都会让业主觉得你在认真倾听，对他很重视。

有人曾经说过:"倾听他人讲话就像收听电台广播。要想取得好的收听效果,一次只能听一个台。"这句话非常形象,试想如果同时收听两个电台,结果是除了嘈杂声,什么也听不清。一边听人讲话,一边阅读书籍或其他资料就如同同时收听两个电台,结果会让人感到沮丧。在听之前应决定注意力的集中方向,如果选择听对方讲话,就应该将一切可能分散注意力的事情放下。

2. 看

在沟通时要面向对方,看着对方的眼睛,与对方进行目光交流。恰当的面部表情有助于激发对方与你分享他的真实感受和想法。

3. 听

注意倾听对方的语言及讲话的语调,弄清楚对方实际表达的意思和他们可能想要表达的意思,留心那些能帮助你更加理解对方的关键字词和观点。

4. 说

在停、看、听三个步骤之后,你应该有所反应了。积极的反应是根据对方所说的话,做出一些恰当的评述,或者问一个问题引导对方自己找出解决办法。用心倾听不应只是消极的不出声,而应是积极主动的配合。当同业主交谈时,应该不时地对业主的意图作出判断,并用语言或非语言形式让业主感到你在积极地参与对话。上帝赋予每个人一张嘴、两只耳朵是有道理的。那些在交谈中滔滔不绝只顾自己说的人是不受欢迎的。

(四) 有效倾听的技巧

1. 听事实和情感

倾听不但要听清楚别人在讲什么,而且要给予别人好的感觉,其实听的时候服务人员都在听什么,对服务人员来说,需要听以下两点。

(1) 听事实

倾听事实意味着需要听清楚对方说什么。要做到这一点,就要求服务人员必须有良好的听力。

(2) 听情感

与听事实相比,更重要的是听情感。服务人员在听清对方所说的事实时,还应该考虑客户的感受是什么,判断是否需要给予回应。

A对B说:"我昨天看中一套房子,决定把它买下来。"B说:"哦,是吗?在哪儿呢?恭喜你呀。"A看中了房子,想买下来,这是一个事实,B问房子在哪,这是对事实的关注,"恭喜你"就是对A的情感关注。

A把事实告诉B,是因为他渴望B与他共同分享他的喜悦和欢乐,而作为B,应对这种情感加以肯定。对于服务人员而言,就是运用倾听的技巧,通过面部表情、肢体语言,给予客户恰当及时的回应。例如,客服人员对客户说:"现在你就是这方面的专家,你真的是很内行。"这就是对客户的一种情感关注。而在这种关注之前,服务人员在听到客户谈话时应该分辨出哪些是情感的部分,哪些是事实的部分。

2. 永远都不要打断客户的谈话

很多时候,一些人的倾听能力是很差的,他们不是无意打断,而是有意识地打断对方的谈话。无意识的打断是可以接受的,有意识的打断却是绝对不允许的。无意识地打断客户的谈话是可以理解的,但也应该尽量避免;有意识地打断别人的谈话,对于客户来讲是非常不礼貌的。当有意识地打断一个人说话以后会发现,如同挑起了一场战争,对方会以同样的方式来回应,最后两个人的谈话就可能变成了吵架。因此,有意识的打断是绝对不允许的。

3. 清楚地听出对方的谈话重点

当与对方谈话时,如果对方正确地理解了谈话中的意思,你一定会很高兴。至少他知道你成功地完成了上节所说的"听事实"的层面。

能清楚地听出对方的谈话重点,也是一种能力。因为并不是所有人都能清楚地表达自己的想法,特别是在不满、受情绪影响的时候,经常会有类似于"语无伦次"的情况出现。而且,除了排除外界的干扰,专心致志地倾听以外,还要排除对方的说话方式的干扰,不要把注意力放在说话人的咬舌、口吃、地方口音、语法错误或"嗯""啊"等习惯用语上面。

4. 适时地表达自己的意见

谈话必须有来有往,所以要在不打断对方谈话的原则下,也应适时地表达自己的意见,这是正确的谈话方式。这样做还可以让对方感受到,你始终都在注意听,而且听明白了。这样做还有一个效果就是可以避免自己走神或疲惫。

5. 肯定对方的谈话价值

在谈话时,即使是一个小小的价值,如果能得到肯定,讲话者的内心也会很高兴,同时对肯定他的人必然产生好感。因此,在谈话中,一定要用心地去找对方的价值,并加以积极的肯定和赞美,这是获得对方好感的一大绝招。例如,对方说:"我们现在确实比较忙。"你可以回答:"您坐在这样的领导位子上,肯定很辛苦。"

6. 配合表情和恰当的肢体语言

当与人交谈时,对对方活动的关心与否直接反映在你的脸上,所以,你无异于是他的一面镜子。

光用嘴说话还难以造成气势,必须配合恰当的表情,用嘴、手、眼、心灵等各个器官去说话。但要牢记切不可过度的卖弄,如过于丰富的面部表情、手舞足蹈、拍大腿、拍桌子等。

7. 避免虚假的反应

在对方没有表达完自己的意见和观点之前,不要做出如"好!我知道了""我明白了""我清楚了"等反应。这样空洞的答复只会阻止你去认真倾听客户的讲话,或者阻止客户的进一步解释。

在客户看来,这种反应等于在说"行了,别再啰唆了"。如果你恰好在他要表达关键意思前打断了他,被惹恼了的客户可能会大声反抗:"你知道什么?"那就很不愉快了。

【倾听技巧练习】

判断以下倾听技巧的对错。
1. 我们自然而然的学习倾听技巧;训练没有必要。(　　)
2. 有效地倾听是一种技巧,掌握这种技巧对我们大多数人来说都是困难的练习。(　　)
3. 通过训练能帮助我们提高倾听的能力。(　　)
4. 倾听的能力取决于智力。(　　)
5. 智力与倾听之间没有联系。(　　)
6. 倾听的能力与听力密切相关。(　　)
7. 听力是一种生理现象。它与我们所讲的倾听能力几乎没有关系。事实上,听力下降的人常常成为非常有效的倾听者。(　　)
8. 一般来说,大多数人能边听边阅读。(　　)
9. 边听边阅读这种技巧很少有人能有效的应用。(　　)
10. 大多数情况下,我们能善于倾听。(　　)
11. 大多数人都需要提高倾听技巧。(　　)
12. 倾听注重内容第一,感情第二。(　　)
13. 感情常常比语言本身更重要。我们必须寻找信息下面的情感。它们常常是真实的信息。(　　)
14. 所听非所言。(　　)
15. 作为人类,我们有一种筛选我们所听信息的自然习惯。常常是所听非所言。(　　)

二、提问的技巧

在与业主交流的过程中,只善于倾听是远远不够的,还必须适当地向业主提出问题,以真正了解业主的需求。

【案例思考】

只会倾听远远不够

中国移动和中国联通这样的大型企业,其客户服务中心的服务人员每天接听电话的数量都会超过 260 个。每天接听大量的电话,员工势必非常疲惫,这样就会导致服务质量的下降。这些企业的客户服务部门对员工都有一个接通率的要求。如果服务人员只是让客户讲,他听,而且还表现出很有兴趣听的样子,那么一碰到滔滔不绝的客户,把他所有的遭遇没完没了讲给你听,那么这名服务人员就很难完成接通率的任务了,而且其他客户的电话必然打不进来,同样会导致企业整体服务质量的下降。

在服务过程中,服务人员只善于倾听远远不够,很难向客户提供满意的服务,因此,还应学会怎样去结束与客户的谈话等服务技巧。

请思考

服务人员在与客户交流时,除了倾听还需要如何做?

(一) 提问的目的

在倾听的过程中,服务人员应该迅速地把客户的需求找出来。如果客户的需求不明确,服务人员必须帮助客户找到一种需求,通常情况下就是通过提问来达到这一目的。所以说,提问的目的就是能迅速而有效地帮助客户找到正确的需求。

当然,服务人员提出的问题都应该是有针对性的,然后帮助客户作出判断:他的需求是什么。一些优秀的服务人员往往通过几个问题就能迅速找到客户的核心需求究竟在哪里。

(1) 探求、了解需求;
(2) 提问可能是希望解释、发挥,为难对方;
(3) 引导对方透露信息;
(4) 证明自身论点,难住对方;
(5) 弄清事实,甄别真相;
(6) 启发思维,打破僵局。

(二) 针对不同类型问题的提问技巧

1. 开放式问题的使用技巧

开放式问题就是让客户比较自由地把自己的观点尽量都讲出来。这种提问的方式可以帮助服务人员了解相关情况和事实。例如,当你医院看病时,医生问你哪里不舒服,这就是一个开放式的问题。开放式的问题可以帮助服务人员了解客户的需求及问题出在哪里。

一般在服务一开始时,服务人员使用的都是开放式的提问。但由于开放式的问题,客户的回答也可能是开放的,往往起不到有效缩短服务时间的作用。因此,很多时候服务人员还需要使用封闭式的问题进行提问。

2. 封闭式问题的使用技巧

封闭式问题的使用完全是帮助客户进行判断,客户只需要回答"是"或"不是"。封闭式的提问需要服务人员本身有很丰富的专业知识。大量使用封闭式问题还有一个前提就是所有的回答都必须是肯定的。

如果所有的回答都是肯定的，那么客户就会觉得你真的很专业，因为你有非常准确的判断能力。服务人员能否正确地、大量地使用封闭式的提问，便能充分地体现这名服务人员的职业素质。

【案例思考】

熄火的燃气灶

业主王先生家的燃气灶经常会莫名其妙地突然熄火，他自己不懂维修。有一次，他打电话请物业管理公司的维修人员来进行维修。一个年轻的维修人员问他，燃气灶怎么了？王先生说经常自动熄火。维修人员接着又问，大概多长时间熄火一次？王先生说不清楚，一会儿说时间长，一会儿说时间短。什么时候开始的？王先生说大概有一个星期了。

维修人员东看看、西看看，也找不到问题究竟出在哪里，就把一位年纪稍大的维修人员找过来了。老维修工过来以后，提问的方式马上就转变了，第一个问题是最近有没有米汤或油汤溅到灶盘里，王先生说前几天煮稀饭时溢出来很多米汤。接着老维修工又问，是不是手一直按着打火器就不会熄火，王先生回答说是有这种情况。然后老维修工又问燃气灶内部清洗过吗，王先生说从没有洗过。老维修工判断可能毛病出在部件老化或内部线路短路上，一检查果然如此，有一部件老化了。

开始时提出的一些开放式问题没有起到作用，而用封闭式的问题提问，就马上找到了原因所在。这就说明老维修工有很丰富的专业知识和非常准确的判断能力。

请思考

在物业服务过程中，应该如何使用提问技巧以获得更多的信息？

3. 如何使用提问技巧妥善地解决客户的需求

在提问技巧中，开放式和封闭式两种问题都有必要，一般情况下，通常都是先提一个开放式的问题，如有什么需要我帮忙的吗？然后马上又转入封闭式的问题，两种提问的技巧交互使用，迅速地判断出客户的问题所在。当然，如果服务人员能够很成功地运用封闭式的问题，马上就能找到客户的问题，说明他的经验非常丰富。因为，多数服务人员在提封闭式问题的时候都是运用个人的经验来作出判断，这是提问的技巧。

在沟通中，通常希望一开始就营造一种轻松的氛围，所以在开始谈话的时候问一个开放式的问题，当发现话题跑偏时可问一个封闭式的问题，当发现对方比较紧张时，可问一个开放式的问题，使谈话气氛轻松。

在与别人沟通中，经常会听到一个非常简单的口头禅"为什么？"当别人问为什么的时候，一般会有什么感受？可能认为自己没有传达有效、正确的信息，或者没有传达清楚自己的意思，或者感觉自己和对方的交流沟通可能有一定的偏差，或者沟通好像没有成功等，所以对方才会说为什么。实际上，他需要的就是让你再详细地介绍一下刚才说的内容。

（1）少说为什么

在沟通过程中，一定要注意尽可能少说为什么，可用其他的话来代替。例如，你能不能再说得详细一些？你能不能再解释得清楚一些？这样给对方的感觉就会好一些。实际上，在提问的过程中，开放式和封闭式的问题都会用到，但要注意尽量避免问过多的为什么。

（2）少问带有引导性的问题

"难道你不认为这样是不对的吗？"这样的问题不利于收集信息，会给对方造成不好的印象。

（3）多重问题

一口气问了对方很多问题，使对方不知道如何回答。这种问题也不利于收集信息。

三、复述的技巧

复述技巧包括两个方面：一方面是复述事实，另一方面是复述情感。这与倾听的内容是相同的，因为复述也就是把你所听到的内容重新叙述出来。

（一）复述事实

1. 复述事实的目的

复述事实的目的是彻底分清责任，服务人员先向业主确认自己所听到的是否正确，如果业主说对了，那以后出现问题的责任就不在服务人员身上了。通过重复他人所讲的内容及想要表达的意思来建立和谐的关系，确保自己能理解他人的叙述，给自己时间考虑接下来要说的话，有机会重组他人的讲话，借此改变他人（业主）的体验。

2. 复述事实的好处

（1）分清责任

服务人员通过复述，向业主进行确认，印证所听到的内容，如果业主没有提出异议，那么再有问题，责任就不在服务人员了。

（2）提醒作用

复述事实还有一个好处，就是可以提醒业主是不是还有遗忘的内容，是不是还有其他问题需要一起解决。当服务人员重复完事实，可以问业主还有没有要补充的，然后进入解决问题阶段。

（3）体现职业化素质

复述事实还可以体现服务人员的职业化素质。对事实的复述不仅能体现出服务人员的专业水准，更重要的是让业主感觉到对方是在为自己服务，自己是被服务的业主，这种感觉是很重要，在一定意义上满足了业主情感的需求。

（二）复述情感的技巧

复述情感是对业主的观点不断地给予认同。例如，"您说得有道理"；"我理解您的心情"；"我知道您很着急"；"您说得很对"等，这些都称为情感的复述。在复述的过程中，复述情感的技巧是最为重要的。

【复习思考题】

1. 简述倾听的层次。
2. 简述有效倾听的基本步骤。
3. 在与业主交流的过程中，如何进行有针对性的提问？
4. 在物业管理中，怎样才能做到有效倾听？
5. 在与业主沟通过程中，进行提问和复述时要注意哪些因素？

项目十二　高效沟通

【学习目标】

能力目标

能利用沟通的相关知识,分析物业管理活动中的各种投诉,并能正确解决物业管理中的各种纠纷与投诉。

知识目标

了解沟通的基本形式;掌握沟通的基本要素,沟通前准备的相关知识;重点掌握高效沟通的步骤。

【案例引入】

两个男人的羞愧

某小区物业公司的客户服务经理王小姐,人长得靓丽多姿,她的笑容总给人以亲切和温暖。一天,一位香港老板来到物业服务中心,要求王小姐帮助找一套房子作为其公司员工的宿舍,王小姐笑脸相迎,记下香港老板的电话号码,答应找到房子后立即与他联系,并微笑热情地送走了客人。

几天之后,王小姐联系好了一套房子,立即给香港老板打电话,希望他本人能来物业服务中心与租户见面商量房子的事情。第二天,香港老板与那位租户见了面,双方在租金上存在分歧,讨价还价半天也没有达成一致意见,彼此起身就要告辞。

此时,王小姐露出遗憾的微笑,先客气地对香港老板说,是自己的工作没有做好,希望能有机会帮忙再找一套房子,恳请再给她一点时间。然后又对租户说,不好意思,希望也给点时间帮助他再找到另一个客户。说到这里,王小姐对双方露出了歉意的笑容。

笑容是无声的语言。因为在柔性女子面前显示出了自己的小气,使两位先生感觉不是滋味,香港老板说:"王小姐的热情让人难以割舍这套房子,她诚意的笑容让我不好意思,我可以让一下,让1 000元。"紧接着,租户也深有感触地说:"王小姐的热情可嘉,笑容难敌,她的真诚让我感动,我也让800元。"房子成交,两位先生签订了租房合同,在笑声中两人握着手一并对王小姐表示感谢。王小姐无言,只是露出整齐的牙齿展现她迷人的微笑。

请思考

1. 在与业主沟通过程中,要注意哪些问题?

2. 在物业管理中，高效沟通的技巧主要体现在哪些方面？

_____
_____
_____

松下幸之助有句名言："企业管理过去是沟通，现在是沟通，未来还是沟通。"管理者的真正工作就是沟通。不管到了什么时候，企业管理都离不开沟通。

一、沟通概述

沟通是指为了设定的目标，将信息、思想和情感在个人或群体间传递，并达成共同协议的过程。沟通包括语言沟通和非语言沟通。语言沟通主要包括口头和书面语言沟通；非语言沟通主要包括声音、语气（如音乐）、肢体动作（如手势、舞蹈、武术、体育运动）等。最有效的沟通是语言沟通和非语言沟通的结合。沟通的方式主要有面对面、电话、传真、邮件、报告等几种形式。

（一）沟通的形式

1. 语言的沟通

语言是人类特有的一种沟通方式。语言的沟通包括口头语言、书面语言、图片或图形。口头语言包括面对面的谈话、会议等；书面语言包括信函、广告和传真，甚至现在用得很多的E-mail等；图片包括一些幻灯片和电影等，这些都统称为语言的沟通。在沟通过程中，语言沟通对于信息的传递、思想的传递和情感的传递而言，更擅长于传递的是信息。

2. 肢体语言的沟通

肢体语言的内容非常丰富，包括动作、表情、眼神等。实际上，在人们的声音里也包含着非常丰富的肢体语言。人们在说每一句话的时候，用什么样的音色去说，用什么样的语调去说等，都是肢体语言的一部分。例如，柔和的手势表示友好、商量；强硬的手势则意味着："我是对的，你必须听我的。"脸部表情中微笑表示友善礼貌，皱眉表示怀疑和不满意。眼神盯着看意味着不礼貌，但也可能表示兴趣，寻求支持。双臂环抱姿态表示防御，开会时独坐一隅意味着傲慢或不感兴趣。演说时声音抑扬顿挫表明热情，突然停顿是为了造成悬念，吸引注意力等。

沟通的模式有语言和肢体语言这两种，语言更擅长沟通的是信息，肢体语言更善于沟通的是人与人之间的思想和情感。

（二）沟通的要素

在沟通的定义里，需要学习和明确沟通的重要内容，即沟通的三大要素：有一个明确的目标；达成共同的协议；沟通信息、思想和情感。

1. 要有一个明确的目标

只有大家有了明确的目标才称为沟通。如果大家来了但没有目标,那就不是沟通,是闲聊天。而人们以前常常没有区分出闲聊天和沟通的差异,经常有同事或经理说:某某,咱们出去随便沟通沟通。随便沟通沟通,本身就是矛盾的。沟通有明确的目标,这是沟通最重要的前提。所以,理解了这个内容之后,在和别人沟通的时候,见面的第一句话应该说:"这次我找你的目的是……"沟通时说的第一句话要说出自己要达到的目的,这是非常重要的,也是沟通技巧在行为上的一个表现。

2. 达成共同的协议

沟通结束以后一定要形成一个双方或多方都共同承认的一个协议,只有形成了这个协议才称为完成了一次沟通。如果没有达成协议,那么就不能称为沟通。沟通是否结束的标志就是是否达成了一个协议。在实际工作中,常见到大家一起沟通过了,但是最后没有形成一个明确的协议,就各自去工作了。由于对沟通的内容理解不同,又没有达成协议,最终造成了工作效率的低下,双方又增添了很多矛盾。在明确了沟通的第二个要素时,应该知道,在和别人沟通结束的时候,一定要用这样的话来总结:非常感谢你,通过刚才的交流我们现在达成了这样的协议,你看是这样的一个协议吗?这是沟通技巧的一个非常重要的体现,在沟通结束的时候一定要有人来做总结。

3. 沟通信息、思想和情感

沟通的内容不仅仅包括信息,还包括更加重要的思想和情感。那么信息、思想和情感哪一个更容易沟通呢?是信息。例如,今天几点钟起床?现在是几点了?几点钟开会?往前走多少米?这样的信息是非常容易沟通的。而思想和情感则不太容易沟通。在工作的过程中,很多障碍使思想和情感无法得到一个很好的沟通。事实上,在沟通的过程中,传递得更多的是彼此之间的思想。

二、沟通前的准备

沟通一般有两个作用:①提供资料、表达意见;②期望能解决问题,达成共识或取得深度了解。若沟通的目的属于后者,那么沟通前做好必要的准备是必需的。在与业主进行交流前,要精心进行沟通前的准备。

(一)选择合适的沟通地点

根据交往的对象,选择合适的谈话地点,可以是社区物业服务中心、会议室,也可以是业主家里、小区幽静之处等。但是一定要根据沟通对象的兴趣爱好及习惯方式来确定,前提是要尊重对方的意见。

(二)布置幽雅而舒适的沟通环境

根据业主的需求进行布置,风格没有严格界限。一般而言,场所布置要宽敞、明亮、舒适，整齐洁净，井井有条，千万不要藏污纳垢、乱七八糟，那样很容易影响业主的情绪。

(三) 建立和谐气氛

建立和谐气氛是有效沟通的前提条件，只有首先建立一个和谐的气氛，双方才能彼此敞开心扉，坦诚沟通。如何建立和谐气氛？在开始的时候，相互问候、关怀、赞美，或者开个玩笑等。

(四) 效果由对方决定，由自己控制

没有两个人是一样的，要尊重人与人之间的不同，对不同的人要采取不同的沟通方式、方法。不能总是用自己的标准去控制别人。沟通的效果主要取决于对方的反应，我们应给对方多些空间思考，而不是强压对方服从自己的观点，但是，我们可以采取引导的方式来控制所要达到的预期效果。

(五) 强调效果比强调对错更有意义

沟通的目的是相互更加了解或更易有效地处理事情，对与错在这里并不重要。其实在人与人相处的时候，并没有绝对的对错。对与错在每个人心中都有自己的定义。

三、沟通的过程

完整的沟通过程包括信息发送、接收、反馈。有一句管理名言"面对面的沟通是最好的沟通方式"。

沟通的过程是一个完整的双向沟通的过程：发送者要把他想表达的信息、思想和情感，通过语言发送给接收者。当接收者接到信息、思想和情感以后，会提出一些问题，给对方一个反馈，这就形成一个完整的双向沟通的过程。在发送、接收和反馈的过程中，需要注意的问题是：怎样做才能达到最好的沟通效果。在沟通过程中，首先，看一看信息的发送，这里指的信息，包括信息、思想和情感。在沟通中，发送的不仅是信息，还有思想和情感。在发送信息的时候，需要注意以下几个问题。

(一) 选择有效的信息发送方式 (How)

当工作中要发送一个信息时，首先要考虑用什么方式发送，通常有电话、E-mail、传真，以及面对面的会议沟通等方式。

1. 发送信息首先要考虑选择正确的方法

在沟通的过程中，为了达到一个良好的沟通效果，首先要选择正确的沟通方法，因为不同方法之间的差距是非常大的。在任何一次沟通的过程中，人们都会发送信息、思想和情感。

2. 发送方式要根据沟通内容偏重度来选择

例如，一份报告传给同事或交给上级，更多的是一种信息的传递；物业服务人员在和客户沟通的过程中，最重要的是增加和客户之间的感情与信任，这时，信息是次要的，情感是主要的。所以说，在选择沟通方法的过程中，首先要考虑此次沟通是以传递信息为主还是以

交流思想和情感为主，由此来选择合适的沟通方法。

3. 几种常用的信息发送方式

（1）电子邮件

目前，E-mail（电子邮件）得到了广泛的应用，已经成为一种非常流行且常用的沟通方式。许多员工上班的第一件事就是打开计算机，看一看自己的电子信箱。电子邮件是一种典型的书面语言沟通。

电子邮件可以传递大量的、准确的信息，甚至很多动画片都可以通过电子邮件来传递。在沟通大量信息的时候，用电子邮件是一种非常好的方式。

但电子邮件有一个不足之处，是不能很好地传递思想和情感。当要交流的是情感时，电子邮件就不利于人们的情感沟通。

（2）电话

电话是传统而常见的一种沟通方式。电话沟通也是语言沟通的一种，在电话沟通时不仅包含说的内容，也包含说话时抑扬顿挫的语气，这也是肢体语言的一种表现，这种肢体语言能够传递给对方一定的情感和思想。因此，电话不仅传递一定的信息，也传递一定的思想和情感。

电话与电子邮件相比较，电话包含的信息量少于 E-mail 的信息量，电话传递的信息有时候可能不准确，因为口头语言不如书面语言准确。由于在电话沟通中，对方不可能一下子记住太多的信息，会有遗漏，所以，电话是一种对短小的信息、简单思想情感传递的有效方式，如"你是否能够开会""明天你是否来办公室"等。在工作中确认某件事情的时候，用电话沟通是非常好的。同时，电话还具有一个优势，就是速度快，能够及时地作出某一个决定。例如，当发生紧急情况时，首先会想到是拨打 110、119，而不是发 E-mail。

（3）开会或面对面谈话

面对面谈话是最好的沟通方式。当有可能选择沟通方式时，首先应选择面对面谈话。但是，现在的通信设备发展迅速，很多员工在沟通的过程中，由于习惯，他首先会选择电话或选择 E-mail，而忘了面对面谈话是最好的沟通方式。

感情交流需要当面沟通

一家著名的公司为了增进员工之间的相互信任和情感交流，规定在公司内部 200 米之内不允许用电话进行沟通，只允许面对面的沟通。结果产生了非常好的效果，公司所有员工之间的感情非常融洽。同时，我们也看到，很多的 IT 公司和一些网站公司，有非常好的沟通渠道：E-mail、电话、因特网，但却忽略了最好的沟通方式——面谈。致使在电子化沟通方式日益普及的今天，人和人之间的了解、信任和感情已非常淡化了。所以，无论是作为一个沟通者或是作为一个管理者，一定不要忘记使用面谈这种方式进行沟通。

（二）何时发送信息（When）

在选择恰当的沟通时间时，应充分考虑对方的情绪。言语沟通中选择合适的时间是非常重要的，通常需要关注以下两点。

1. 关注业主的情绪

业主的情绪始终是影响言语沟通的一个重要因素，每个人在自己情绪低落时一般都不希望有人打扰，而高兴时则偏向于与人多交流。因此，要抓住机会在业主高兴的时候多说，在业主心情不好的时候则应不说或少说。

2. 寻找合适的沟通空隙

就像人说话有停顿和空隙一样，在言语沟通过程中也存在大量的沟通空隙。一般来说，要注意确定一个完整的沟通已经结束，否则不适合插入其他内容。

（三）确定信息内容（What）

发送传递信息内容的两种方式：一种是语言，另一种是肢体语言。在同别人沟通的时候，你说什么话是很重要的，但只有加入相应的肢体语言，所要传递的信息内容才会更加确切。只注重语言却不注重肢体语言，沟通效果会非常不好。就像我们经常会听到很多的口号，如欢迎光临，是否让人感觉到真正受欢迎呢？很少感觉到。人们接受到的仅仅是"欢迎光临"这4个字带来的信息，却没有通过说这句话的人的肢体语言传递给顾客的情感。所以说，在选择沟通内容的时候，一定要确定说哪些话，用什么样的语气、什么样的动作去说，这些在沟通中非常重要。

（四）谁该接收信息（Who）

在发送信息的时候还需要考虑以下问题：谁是信息接收对象，如何获得接收者的注意，接收者的观念、接收者的需要和接收者的情绪。

（五）何处发送信息（Where）

发送信息时，还需要考虑在什么样的环境和场合下发送给对方。在实践中，很多管理者已经认识到，环境对沟通效果的影响非常大。但在日常工作中，特别是上下级之间的沟通，通常是在上级主管的办公室中进行，在这样的环境下进行沟通，很难得到好的效果。

四、高效沟通的步骤

运用换位思考可以使沟通更有说服力，同时树立良好的信誉。在工作中，要完成一次有效的沟通，可以分为六个步骤：事前准备、确认需求、阐述观点、处理异议、达成协议和共同实施。

（一）事前准备

发送信息的时候要准备好发送的方法、发送的内容和发送地点。在工作中，为了提高沟通的效率，要事前做好以下准备。

① 设立沟通的目标。在与别人沟通之前，心里一定要有一个目标，希望通过这次沟通

达成什么样的一个效果。

② 制订计划。有了目标还要有计划,怎么与别人沟通,先说什么,后说什么。

③ 预测可能遇到的异议和争执。

④ 对情况进行 SWOT 分析。SWOT［即优势（strength）、劣势（weakness）、机会（opportunity）、威胁（threat）］分析就是明确双方的优劣势,设定一个更合理的目标,大家都能够接受的目标。

在沟通的过程中,第一点要注意的是事前准备,这是第一个步骤。要准备沟通的目标,因为在沟通之前有一个目标时,对方肯定也会有一个目标,双方能够通过沟通达成一致。完成这个步骤时一定要注意:在与对方沟通的过程中首先要说"这次我与你沟通的目的是×××"。

(二) 确认需求

确认需求的三个步骤:第一步是有效提问;第二步是积极聆听,要设身处地的去听,用心和脑去听,为的是理解对方的意思;第三步是及时确认,当没有听清楚、没有理解对方的话时,要及时提出,一定要完全理解对方所要表达的意思,做到有效沟通。

在沟通中,提问和聆听是常用的沟通技巧。在沟通过程中,首先要确认对方的需求是什么。如果不明白这一点,最终无法达成一个共同的协议。必须通过提问来了解别人的需求、了解别人的目标,在沟通过程中有三种行为:说、听、问。提问是非常重要的一种沟通行为,因为提问可以帮助了解更多、更准确的信息,所以,提问在沟通中会经常用到。在沟通开始的时候会提问,在沟通结束的时候也会提问。同时,提问还能够帮助控制沟通的方向。问题一般有封闭式问题和开放式问题两类。封闭式问题是指对方只能用是或不是来回答的问题。开放式问题是对方可以尽情地去阐述、描述自己观点的一些问题。由于平时在提问的过程中没有注意到开放式问题和封闭式问题的区别,往往会造成收集的信息不全面或浪费了很多的时间。例如,"请问一下会议结束了吗?"只能回答结束了或还没有,这就是封闭式问题;"会议是如何结束的?"对方可能会告诉你非常多的信息,会议从几点开始到几点结束,最后形成了什么协议,然后在什么样的氛围中结束,这就是开放式问题。开放式问题可以帮助收集更多的信息。在工作中,有些人习惯用一些开放式问题与人交流,而有些人却习惯于用封闭式问题,只有了解了各自的优劣处,才能够更加准确地运用封闭式问题或开放式问题。

在聆听的过程中要及时地与对方进行回应,表达感受如"非常好,我也是这样认为的",这是一种非常重要的聆听技巧。

(三) 阐述观点

阐述观点就是把观点更好地表达给对方。在服务与沟通中,自己表达结束后,对方是否能够明白,是否能够接受,这是非常重要的。在项目十中介绍了 FAB 的原则,这是一种非常好的方式。阐述观点的时候,按 FAB 原则来说,使对方能够听懂、能够接受,而且印象会非常深。

(四) 处理异议

在沟通中，有可能会遇到异议，即对方不同意你的观点。在工作中想说服别人常常是非常困难的，同样被说服也非常困难的。因为人不容易被别人说服，只有可能被自己说服。所以，在沟通中一旦遇到异议之后就会产生沟通的破裂。

当在沟通中遇到异议时，可以采用一种类似于借力打力的方法，也称为"柔道法"，即不是强行说服对方，而是用对方的观点来说服对方。在沟通中遇到异议之后，首先了解对方的某些观点，然后当对方说出一个有利于自己的观点时，再用这个观点去说服对方。即在沟通中遇到了异议要用"柔道法"让对方自己来说服自己。

处理异议时，要表现出具有"同理心"。解决人际关系问题中最具威力的三个字是"我理解"。在沟通过程中，要塑造一个让客户可以畅所欲言、表达意见的环境，展现支持、理解、肯定的态度，尊重客户的情绪及意见，让他觉得与你交谈是件轻松愉快、获益良多的事。

(五) 达成协议

沟通的最后结果就是达成一个协议。请一定要注意：是否完成了沟通，取决于最后是否达成了协议。在达成协议的时候，要注意以下几方面。

① 感谢。善于发现别人的支持，并表示感谢；对别人的结果表示感谢；愿与合作伙伴、同事分享工作成果；积极转达内外部的反馈意见；对合作者的杰出工作给以回报。

② 赞美。

③ 庆祝。

(六) 共同实施

达成协议是沟通的一个结果，在达成协议之后，要共同实施。但是在工作中，任何沟通的结果意味着一项工作的开始，要共同按照协议去实施。如果达成了协议，可是没有按照协议去实施，那么对方会觉得你不守信用，就失去了对你的信任。信任是沟通的基础，如果失去了对方的信任，下一次沟通就变得非常困难。所以，作为一个服务人员对所有达成的协议一定要努力按照协议去实施。

在服务与管理工作中，要完成一次沟通必须经过六个步骤：第一是要事前准备，准备这次沟通的目标，以及为了达成这个目标所必须准备的一些计划、可能遇到的问题及沟通的方式等；第二是要确认需求，一见到对方就说出目的，然后再询问对方的目的；第三是阐述观点，让对方更容易接受；第四是处理异议，采用对方的观点来说服对方；第五是达成协议后要感谢、赞美对方；第六是按照协议，去实施这项工作，否则就会失去对方的信任。在沟通的过程中，按照这六个步骤去沟通，就可以使工作效率得到一个更大的提升。

【补充阅读材料】

高效沟通的艺术

一、了解对方的言默之道

每个人都有其言默之道,了解对方的言默原则,才能有效地适应,以期互相配合、顺畅沟通。一般中国人都不随便开口,是一种谨言慎行的修养。但是,对于值得信任的人,关乎大家公共的利益,也会抱着"虽然冒险,也责无旁贷"的决心,打破沉默而有所建言。我们的态度既不是"说",也不是"不说"。而是把说与不说放在一起想,也就是人们常说的"说不说不成问题,怎么说才要紧"。因此"说与不说"形成个人的一套言默之道。依据对方的言默之道进行沟通,有助于沟而能通。

1. "必须多说、多问才能有效沟通"是一般人的错觉

自以为了解对方,或者以为对方不说话便是默认。其实,关怀对方,让他言默自如,丝毫不觉得有压力,反而容易获得更多的信息。彼此互相尊重,双方言默自在,才是上策。

中国人是"关怀导向"的民族,不方便一开口就谈工作,用关心和尊重对方的话语,顺着他的言默之道来沟通,最为有效。违反对方的言默之道,往往言多必失,必须慎防。上司要以无私的爱,只知施予,不求回报,绝不心存偏见或成见,尤其不可明显地有所爱憎的表示,部属才会放心地说出他们的心声。对方不说话,并不表示没有意见,或者赞成自己的想法。不说话有可能包含很多不明白表示出来的意思,诸如不敢说,不愿意说,一时不知道怎么样说才好,暂时不想表示,需要多一些时间考虑等。必须用心判断,以免产生误解。对方不说话,自己也不必一直说。双方都保持沉默,自然有突破的时机。若是真的没有,不妨下次说。

2. 肢体语言的配合,方能使信息完整

沟通时,除语言文字外,还应加上某些身体的语言,才能构成完整的信息。不说话的时候,称为默。默,也是一种沟通。沉默不语的时候,身体语言正在进行非言语沟通。孔子说:"没有观察别人的脸色就说话,好像瞎子一样。"便是提醒我们,要多多留意对方的身体语言,以为"行动比嘴巴说的声音更大",可惜时常被我们忽略了。

身体语言不如语言文字那样具体而容易明了,况且每一个人的姿态、动作、表情都不太相同,所以不要主观地给予判断,应该多看几次,细心去体会,再衡量自己的观感是否正确,以免误会,反而增加沟通的障碍。

3. 要关注对方发出的信息

不可以由于过分重视对方的身体语言,而不注意其所发出的信息,因为毕竟语言文字比较容易接受,不像身体语言那样似懂非懂,很难精确捕捉。

听错话是一回事,会错意又是另外一回事。前者常常是耳朵听错了,尤其是对方的乡音

太重，说话速度太快，或者咬字发音不清楚甚至匆促之中说错了。前者是自己的主观意识太强，老是依自己的意思来听出有利于己的话语。后者则由于身体语言的判断错误，产生不一样的体会，因而听是听对了，却会错了意，也等于没有听对。沟通时眼睛看着对方，一方面表示尊重，另一方面也是注意他的姿态、表情，配合着耳朵所听到的，来体会对方的真正用意。

人的全身都有办法伪装，只有眼睛的表情很难伪装。看对方的眼睛，应该明白他的真实想法。但是不可以一直盯着对方的眼睛不放，同时也要以真诚的眼光，来引发对方的真诚。务求彼此都开诚布公，由浅而深，一步一步互相了解，以期沟而能通。

二、交浅不可以言深

交浅不言深是自古以来便历代相传的沟通禁忌之一。由于交浅不能言深，所以人们常常说一些流利话、义气话、高远话、浅近话、质直话。沟通时，中国人很喜欢估量彼此的交情，来衡量自己的谈话方式，以免触犯"交浅不言深"的禁忌。

交情不够深厚，说流利话，对方认为华而不实，虚而无用；说义气话，对方认为气焰万丈，目空一切；说高远话，对方认为荒诞不经，不近人情；说浅近话，对方认为陋俗不堪，毫无学问；说质直话，对方也认为分析不精，观察不明。这些心理反应，究其原因，无非是交情不深。说来说去，几乎都是多余的。

交情不是短时间可以改变的，说一些亲切的流利话，多数人较易接受；直来直往的义气话尽量少说，以免对方恼羞成怒；引经据典的高远话，易落入空谈；家常琐事的浅近话，颇为俗气；简单扼要的质直话，朴而不文，可时常应用。

交情够的话，通常说话比较方便。因为对方不容易产生怀疑，即使说错了，对方也认为这是无心的，比较容易谅解。再严重的事情，一句"开玩笑的"，也就不再追究。可是交情不够的时候，恐怕就没有这么简单。对方警觉性很高，一句话听不进去，就会引起"这位仁兄是来干什么的"感觉，越看越不对劲，越听越不是味道。明明没有什么大不了的事情，也可能引起一场严重的误会。最好自己衡量彼此的交情，适可而止，千万不可造次。

中国人见面三分情，但是仅凭这三分是不够的。所以人们喜欢在沟通之前，多方打听，有什么人情关系可以当成助力；有哪些相关事宜，可以提供协助；然后再见机行事，适当加以运用。使得原来只有三分情的，增加了好几分，彼此好说话。

中国人深谙"先说先死"的道理，所以在日常生活中，多半尽量设法让对方先行开口，以策安全，常用的方法分析起来，不外乎以下几个要点。

① 尊重对方，让他先说。
② 向他请教高见。
③ 见面不说正经事，一直说些无关紧要的事情。对方心急，便会自己先说出来。
④ 问一些不相关的事，如"吃过饭了吗？""近来怎样？""在这家公司很久了吗？"诱导对方先行开口。
⑤ 倒茶、请坐、忙来忙去，让他忍不住先说。

⑥ 开一个头不触及要点，引起对方的兴趣，他自然会滔滔不绝地说下去。

人们一直认为中国人不喜欢开口，其实也未必尽然，有时候不开口是为了表示尊重，是礼貌地让对方先说。通常对方嘴巴一动，就可以自动停止让对方先说，用不着争着要先说，甚至不客气地说："请让我说完。"彼此若火气十足，还谈什么沟通？

对方不开口，最好的办法是找合适的问题向他请教。他受到尊重，兴趣一来，自然会开口。问一些无关紧要的话，让对方开口，再引到相关的话题，他大多会顺着说下去。话匣子一打开，沟通就方便多了。

我们说得越多，对方自然说得越少。这样一来，对方很容易了解我们，而我们却苦于无法明白对方的心意，不如反过来让对方说话，我们才能够充分知己知彼，掌握全盘动态，对沟通很有助益。

三、以情为先，通情达理

1. 沟通的障碍

沟通的障碍在于轻视与自己不同意见的人，即偏爱以自我为中心的判断。中国人常说："心意不通，言辞必穷。"正是此理。真正的沟通是心理上有了情意，然后"有话好讲"，因而彼此沟通。所以"以情为先"，也就是"承认对方有五分理"，才容易沟通。以情为先是一种有效的诱导，谚语是"一切凭良心"。凭良心沟通，当然有效。不可自以为是，不可强词夺理，不可截人话路，才是真正的通情达理。

有些人开口就说："不是这样""你说的根本就不是事实"，或者"乱讲，谁会相信这种鬼话"……这样的沟通肯定没有效果，应该客气地表示"你说得很有道理"，然后再把它扭转过来，逐渐让对方自行改变比我们去改变他要有效得多，也要和谐得多。先说他对，再提出信息、资料，让他自我审评、分析，他在很有面子的情况下，通常比较容易自我调整、改变过来。

2. 让对方自己改变

让对方自己改变远比我们想尽办法想改变对方，要容易很多。我们越想改变对方，对方往往更加坚持。我们不要这样想，更不要这样做。我们以尊重对方的心情，只提供信息，让对方自我裁量，常常有意想不到的收获。

3. 以不变应万变

中国人最高的智慧，表现在"以不变应万变"，即以"不变"的原则来应对"万变"的现象。沟通时"站在不说的立场来说"，便是最好的一种应用。先想"不说"，不是先想"说"。因为一想"说"就很难控制，终致"乱说"一场。如果"不说"便能沟通，那不说有什么不好？若是不说不行，非说不可，那就进一步想"如何说才合理"，这样才是"谋定而后动"，才比较容易立于不败之地。

不说话的人，固然令人有冷漠的感觉，却能够避免"祸从口出"的灾难。最不受欢迎的人，是应该说话的时候三缄其口。唯有懂得站在不说的立场来说，才能够不乱说。说得恰到好处，很难，但是值得努力去磨炼。

许多人一开始就抱定要说的决心，站在必定要说的立场，一开始便嗓门大开，一路说下去。这种人常常被称为"直肠子"，意思是一条肠子从头到尾都不会转弯，有什么说什么，说到大家都不想听，或者都听不进去，可是他还在说，这样做是不是有点可笑？

反过来看，站在不说的立场，能不说就不说，非说不可的时候，想办法好好地说。别人说和自己说没有什么两样，何必一定要自己来说呢？是不是符合明哲保身的哲学呢？

同样的一句话由我们自己说出来，对方顶多尽力而为。反过来，由对方说出来，效果大不相同。对方对自己说的势必会全力以赴，以免没有兑现而难以交代。说出来之后，就算遭遇困难，也会全力克服；面临各种变数，也会全力去因应。沟通的效果，自然更加良好。

（资料引自：曾仕强，刘君政．人际关系与沟通．北京：清华大学出版社，2005．）

【复习与思考】

1. 沟通有哪些基本形式？
2. 简述沟通的基本要素。
3. 如何更好地进行沟通前的准备？
4. 在物业管理中，高效沟通的步骤有哪些？

第三篇 物业管理人员的心理与服务

模块六 员工管理心理

项目十三　员工心理保健

【学习目标】

能力目标

能准确判断物业从业人员的心理健康水平,分析自己的心理问题,并能有效地进行自我调节和管理。

知识目标

了解物业从业人员常见的心理问题及影响从业人员情绪的因素;掌握物业从业人员的情绪类型;重点掌握物业从业人员的心理保健方法。

【案例引入】

小李的委屈

物业服务人员小李的孩子这几天生病住院了,小李一下班就往医院跑,几天来她没有很好的休息,上班时精力不集中、老走神。前天,她因为工作失误遭到了业主的投诉,经理的严肃批评令她怎么也想不通。她想:自己克服家庭困难坚持工作,没请过一天假,就因为一点失误就挨批评,经理太不近情理了。她觉得很委屈,心里有怨言,难免把情绪带到工作中。后来,又因为对业主不尊重再次被投诉。

请思考

1. 从小李身上,可以看出物业服务人员的心理状态会对工作带来什么影响?
2. 你能说出在日常生活、工作中一般有哪些常见的心理困扰吗?

由于供需旺盛,在很多人看来物业管理是一个朝阳行业,但实际上它具有进入门槛低、

竞争激烈、利润微薄、盈利艰难等特点。很多企业为了生存，为了中标，不惜一切竞相压价。部分企业低价中标后，为了盈利不得不削减员工数量、降低从业人员的工资。这样就造成员工工作负担重、精神压力大、不满情绪高的情况。事实上，由于生活和工作压力过大所导致的员工情绪问题在物业服务企业普遍存在。物业服务人员的情绪管理是当前值得研究的一个课题。

一、员工情绪管理概述

从管理心理学的角度，情绪反映了客观事物与主体需要之间的关系，它由客观事物是否符合并且满足人的需要而产生的，是对事物的态度和体验。一般能够满足人的需要的事物，会使人产生满意的情绪；而不能满足需要的事物，会使人产生否定的情绪；与需要无关的事物，会使人产生无所谓的情绪。

情绪是伴随着认识的产生而产生的，并且随着认识过程的发展而发展。没有对事物的认识，也就没有什么情绪，人对事物认识不同，情绪也就相异。反过来，情绪又对人的认识活动起着重要的调节和推动作用。

情绪的主要表现形式有喜、怒、哀、乐、恶、欲、惧。心理学的相关研究认为，喜、怒、哀、惧是情绪的基本形式。根据情绪发生的强度与延续时间的长短，可以把情绪分为心境、激情、热情三种不同的状态。

管理人员在工作过程中要对员工的挫折感、紧张感、压力感、厌烦情绪、焦虑情绪和激情有一定的了解，并对员工的情绪进行积极的引导和管理。

二、物业从业人员常见的心理问题

由于物业服务的特殊性，物业员工的人际交往和情绪控制很重要，在与业主的交往中比较容易感觉到压力和挫折感。工作中容易引起压力的原因是：①工作特有的压力源，如任务过重引起的压力或任务太少感到无聊所产生的压力，或者是工作不稳定和条件太差而引起的压力；②由组织中的角色所带来的压力，如感觉角色重要而压力过重、利益冲突、感觉地位低下等；③职业生涯和发展中的压力，如考核、晋级、提升、淘汰等带来的压力；④由组织内人际关系带来的压力，良好的人际关系可以使个体身心愉悦的工作，而紧张的人际关系则带来相当大的压力。这些都是工作带给员工的压力，而对于这些压力每个员工也会出现不同的反应。有的员工能正确处理，而有的员工就会产生异常心理，产生各种各样的心理问题。

（一）员工常见情绪问题造成的心理困扰

总体上说，物业管理的工作是紧张的，员工随时都在与形形色色的人接触、打交道，又由于他们自我期望值高，心理压力大，竞争激烈，员工的情绪容易处在紧张状态。一般来说，有些情境性的情绪反应是正常的，也是自我保护所必需的。

这里所说的情绪问题，是指物业员工在工作中经常出现并影响正常生活的负情绪和情绪障碍。员工在工作时的情绪可以分为积极正向的情绪和消极负向的情绪。员工处于积极正向的情绪状态时，通过声音、表情传递给业主的不仅仅是积极生动的声音和表情，更是对自身服务的信心和自豪，正向的情绪带给业主的是愉悦的体验和满意的服务；而消极负向的情绪将传递员工自身的疲惫、压力甚至是烦躁和不满，业主感受到的是推诿、不耐烦或不屑一顾等不良服务。负向情绪能降低业主的满意度并引起投诉，同时对员工本身的心理健康也会造成威胁。负向情绪还可能导致大脑功能紊乱，使员工认知范围缩小，思维狭隘，自制力降低，工作效率低下，不能正确评价自我，甚至会做出某些失去理智的行为而发展为心理疾病。此外，情绪问题会降低员工的免疫功能，导致其生理平衡失调，引起各种疾病。如果员工不能很好地处理工作和生活中的各种问题，极容易产生不同程度的情绪问题，从而影响身心的健康和发展。

常见的情绪问题有以下几方面。

1. 焦虑

焦虑是一种情绪状态。在心理学中，一般把有明确对象的不安、担心和忧虑称为恐惧，把没有明确对象的恐惧称为焦虑。焦虑是恐惧的一种类型，即焦虑是一种缺乏明显客观原因的内心不安或无根据的恐惧。当一个人预期将面临不良处境的情绪状态时，表现为持续性神经紧张（紧张、担忧、不安全感）或发作性惊恐状态（运动性不安、小动作增多、坐卧不安），常伴有自主神经功能失调表现，如口干、胸闷、心悸、出冷汗、双手震颤、厌食、便秘等。

物业员工出现焦虑的情况有很多种。物业员工工作年限一般都比较短且流动性比较大，因为物业是季节性行业，在淡季的时候很多员工就面临着下岗，这会导致由于工作的不稳定性所带来的焦虑。他们经常感到不开心，对自己没有信心，对未来也比较茫然。

带来焦虑的原因还有陌生的环境，因为陌生意味着不可知和不可控，从而导致焦虑。人们都是生活在一定范围内的社会人，在这一范围内，有一定的规律可以遵循，接触的人也是比较熟悉的。所以，人们不用花时间和精力去了解这些环境和人，可控性比较大，此时人们体验到的是安全感。而物业服务企业的员工每天所接触的是不确定的服务对象，业主来自各行各业，员工对业主的熟悉程度很低，可控制因素少，不知道下一刻会发生什么事情，很容易体验到焦虑。

2. 愤怒

愤怒是由于客观事物与人的主观愿望相违背或当自己的愿望受阻时所产生的一种强烈的情绪反应。愤怒在程度上可分为不满、气愤、愤怒、暴怒、狂怒等。愤怒对员工的身心健康极为不利，当愤怒发生时，人体内的肾上腺素和肾上腺皮质激素增加，导致人体心跳加快、心律失常、血管收缩、血压升高、呼吸加速、胃肠蠕动减慢等。愤怒不但破坏生理的健康，还能破坏心理的平衡，使思维受阻，能力降低，自我控制力下降，容易做出冲动的举动。

作为物业员工，每时每刻都进行着客我的"交往"。既然是交往，就会遇到各种各样人际交往的问题。在当今这个人才辈出的年代，越来越多的人要干一番事业，所干的这一行，越是大有作为，越是前途远大，竞争对手就越多，竞争也就越激烈。应该承认，随着竞争意识的增强，人们竞争所应用的手段也在增强，所以带给人们的不安全感也在增强。竞争所带来的不安全感，也是引起焦虑和担心的原因之一。人的心理也由"我能不能办得到"，转变成"我这个人能不能混下去"。

人们都希望所遇到的人是好人，可事实上，越来越多的人在担心所接触的这个人是"君子"还是"小人"。一个人不能总是带着强烈的不安全感生活，或者总是带着怀疑的目光去看别人，因为长此以往保持这种情绪会引起焦虑。当与别人发生矛盾的时候经常不从自己方面分析原因，而是认为别人是"不讲理的"甚至是"故意找茬的"。从这个话题又引出一个问题，那就是，"业主永远是对的吗？"假如业主此时是错误的，惹得自己很愤怒，这时该怎么办。是发泄还是控制，这个问题也时常困扰着员工的情绪。

3. 嫉妒

嫉妒是由于社会尊重的需要受到现实的或潜在的威胁而产生的情绪体验，是一种企图缩小和消除与他人的差距，恢复原有平衡体系的消极手段。

处于嫉妒情境的人不能容忍别人的才能、学识、荣誉、工资，甚至相貌比自己强。嫉妒不但破坏人际关系的和谐，而且导致个人内心的痛苦。巴尔扎克说过："嫉妒者比任何不幸的人更为痛苦，因为别人的幸福和他人的不幸都将使他痛苦万分。"这种人由于精神负担而胸中郁闷，整日忧心忡忡，时间长了可食欲减退，夜不能寐，烦躁易怒，造成免疫力降低，导致一系列生理上的疾病。

员工嫉妒的主要表现是看到别人的表现超过自己、别人出色地完成某项任务、别人的能力得到称赞、别人的服务受到业主表扬时，自己表现出不信、愤怒、不平，或者以揭露、谈论别人的缺点为快乐，在背后议论他所嫉妒的人，有的还故意公开别人的隐私，或者说别人的成功是通过使用不正当手段得来的等。其实，具有嫉妒心理的人常常在心理上承认自己比别人弱，但在面子上则表现出不服输或无所谓，不愿意向别人学习的现象。

（二）人际交往方面的困扰

良好和谐的人际关系取决于交往双方，即一个人不但能接受他人，同时还能被他人所接受，这样，相互间的关系才能朝着令人愉快的方向不断发展。一个人能否被别人所接受，关键在于他自己在别人心目中的形象的好坏。可以说，个人形象直接影响到与他人关系的性质和程度。如果人际关系不和谐，将会引发许多心理问题，同时会使企业的人际关系紧张，员工之间互不信任、相互猜疑、不愿协作，造成企业效率低下、凝聚力下降等。

物业是一个"高接触"的行业。无论是服务人员还是管理人员，只要进入物业这一行业，就不可避免地要频繁接触他人，要同各种各样的人打交道，因此，会遇到大量的人际交流问题。人际关系处理得好，就工作而言，能促进物业服务质量和管理水平的提高；就个人而言，每天都能从人与人的交往中，获得心理上的满足。

从心理学角度分析，人际关系由三个方面的要素构成。一是认知成分，反映人们对人际关系状况的认知和理解，包括对自己的认知、对他人的认知和对人际交往的认知。二是情感成分，是对人际交往的评价态度，包含着积极的或消极的情绪状态和体验，是关系双方在情感上满意的程度和亲疏关系。三是行为成分，是交往双方的外在表现，包括举止、语言、表情、手势等。一般人们对人际关系的认识往往带有浓厚的情绪倾向，积极的情绪情感容易形成良好的人际关系，消极的情绪情感阻碍良好人际关系的形成。因此，人际关系中的认知与情绪决定交往的行为，人际交往障碍或困扰也正是由此产生的。下面具体介绍人际交往中的偏见。

1. 首因效应产生的认知偏见

人们往往在极其有限信息的基础上形成对别人的总体印象，如见到一个人就去猜测他的智力、年龄、社会背景、性格等，尽管人们意识到这种判断不一定可靠，但他们仍然愿意这么做，通过这种方式所形成的印象往往成为第一印象或首因效应。

物业管理中的人际关系，最重要的是业主关系、员工关系，认知上的首因效应偏差体验是由于员工与很多业主之间的交往是短暂的，很难有深入了解的机会，所以他们彼此之间往往通过首因效应来判断交往的方向，这种先入为主常常会产生认识上的偏差，从而陷入人际交往的误区。

2. 近因效应产生的认知偏见

近因效应是指在交往中获得的最新信息对人们的认知所具有的影响。通常情况下，第一次交往首因效应比较明显，而相对熟悉的人之间近因效应的作用更大一些。

近因效应对员工人际交往的影响是普遍存在的，如有的员工与业主相处时顾此失彼、容易冲动和激动，常常因为一点小矛盾导致场面不可收拾。有的员工平时一贯表现很好，可一旦做错了一件事或犯了一点错误，就容易给别的员工或领导留下很深的坏印象。近因效应具有很大的片面性，要学会用动态、全面的眼光看待他人，不要一点不好就全盘否定，同时在与员工或与业主交往时，既要重视好的开始，也要重视好的结尾，虎头蛇尾会导致前功尽弃。

3. 光环效应产生的认知偏见

光环效应也称晕轮效应或月晕效应，是指当认知者对一个人的某种特征形成好或坏的印象后，其倾向于据此推论该人其他方面的特征。人们往往根据少量的信息将人分为好人或坏人两种。如果认为某人是"好"的，则被一种好的光环所笼罩，赋予其一切好的品质；如果认为某人是"坏"的，就被一种坏的光环所笼罩，认为这个人所有的品质都很坏。后者是消极品质的晕轮效应，也称"扫帚星效应"。

物业人员所接触的人很多，形形色色，所以人们有时为了节省认识别人的时间，就会形成以偏概全、以点带面的认知偏差，影响交往中对认识对象的正确判断。

4. 投射效应产生的认知偏见

投射效应是指在人际交往中，把自己具有的某些特质强加到别人身上的一种心理倾向。

"以小人之心，度君子之腹"说的就是这种情况。例如，自己心地善良，就认为他人也都是心地善良的；自己经常算计别人，也就必然以为他人会经常算计自己；认为自己喜欢的，别人也一定喜欢；认为自己讨厌的，别人也一定讨厌。在工作中，经常会发现有的员工对别人有成见，却总以为别人对自己怀有敌意，甚至觉得对方的一举一动都带有挑衅的色彩。

5. 刻板效应产生的认知偏见

刻板效应是指人们对某个群体中的人形成的一种概况而固定的看法。刻板印象一旦形成很难改变，由于人们所处地理位置及政治、经济、文化和职业的不同，经常会表现出许多相似性，人们在交往中，就会把这些相似点加以归纳，形成一种固定看法，并用这种固定看法判断、评价具体的每个人。例如，有的人认为北方人豪爽、南方人小气等。

（三）情绪方面的困扰

情绪情感是人际交往中的主要部分，因此，人际交往中的情绪情感障碍很常见。自卑和自负是大多数交往障碍中最为常见的情绪因素。

1. 自负

自负也称为自傲心理，是指过高地评价自我，在交往中总是表现为主动进攻的态度，喜欢出头露面。不管在何种场合，都无视一切，与人争辩，表现出盛气凌人、自命不凡、自视清高等，这样容易造成不良的人际关系。

造成自负的原因有很多种，如由于自己对自己期望值太低，常常不用付出太大努力就达到预期目标，长期下去就逐渐形成了自我能力很强的错误心理感觉，强化了自负心理。另一种是由于自我期望值过高，在各种活动中，因为觉得自己很优秀，所以主动找领导、找同事表明自己的想法，评先进、评优秀不管有多少名额都要力争，绝不放弃，在同事中造成了喜好出头露面、争强好胜的自负印象，从而影响了人际关系。

2. 自卑

自卑是一种因为过多地自我否定而产生的自惭形秽的情绪体验，是一种觉得自己不如他人并因此苦恼的情绪。有的心理学家认为，自卑感是人类在其成长过程中不可少的，因为人的能力都会有不足，因而容易产生自卑。为了克服自卑，便会努力奋斗。但一般来说，有自卑心理的人性格多内向，感情脆弱，常常自惭形秽，感到什么都不如别人，总感到别人瞧不起自己。这种人在公共活动中一般不积极参与而是消极被动，过于警觉，极易受挫。

3. 虚荣心

虚荣心就是以不适当的虚假方式保护自己自尊心的一种心理状态。心理学上认为，虚荣心是自尊心的过分表现，是为了取得荣誉或面子而表现出来的一种不正常的社会情感。

（四）社会适应方面造成的困扰

1. 心理压力过大

由于工作负荷过重和工作要求过高，工作中人际关系处理不当，家庭与情感出现纠葛，自我内在认可度不高,都会给员工造成很大的心理压力。压力过大会引起很多生理、心理与行为的消极反应,如容易疲劳,容易感冒,情绪低落,记忆力、创造性下降,工作热情和积极性下降。

(1) 职业枯竭

职业枯竭也称职业枯竭综合症,职业枯竭的人对工作失去热忱,对自己职业缺乏基本兴趣,情绪低落,消极怠工,在生理与心理上出现精疲力竭和身心憔悴的症状。

(2) 突发性心理危机

由于企业裁员、公司并购、员工过劳死或员工自杀等突发性灾难事件引起的心理危机问题,导致员工产生弥漫性的心理恐慌。

(3) 因情感与家庭原因导致的情绪问题

因感情、婚姻、家庭产生的情绪问题和心理紧张迁移到日常工作中,往往会严重影响到员工的工作状态,是影响员工压力和情绪的重要因素。

(4) 因职业角色引发的心理问题

职业往往要求人们扮演一个固定或相对稳定的角色,如警察、教师、经理、服务员等,而长时间的职业角色扮演带来职业角色与生活角色转换困难的心理问题,引发家庭矛盾或人际矛盾,或者产生角色挣扎,职业角色与内心自我的角色冲突不甘心扮演这个角色,而为了生存不得不扮演这个角色,产生自我认同危机,非常痛苦。

2. 挫折

人们在遇到挫折时常伴随着强烈的紧张、愤怒、焦虑等负性情绪,会产生各种各样的反应。有些是强烈的内心体验,有些则表现为特定的行为,严重时会产生身心疾病,影响心理健康,甚至轻生。典型的不利于心理健康的挫折反应有焦虑、攻击、冷漠、压抑等。

焦虑是挫折后常见的一种心理反应。虽然适度的焦虑有利于问题的解决,但过度焦虑是有害的,严重的焦虑会导致心理疾病,发展成焦虑症。其表现为:失去信心、勇气;情绪不稳定,患得患失;生理上出现心悸、头昏、冒冷汗、胸部紧缩等,有的还会出现乏力、酸软、恶心等。

攻击也是挫折后常出现的一种行为。受挫者常常为了宣泄愤怒的情绪,会采用打斗、辱骂、讽刺等形式来发泄自己内心的不满。或者不直接攻击给自己造成挫折的一方,而是把挫折后的愤怒情绪转嫁到自己、当事人或毫不相干的人和物上。一般来说缺乏自信、内向的人,容易把矛头指向自己,给自己造成很大的身心伤害。

冷漠是一种与攻击相反的,遭遇挫折后的行为反应。冷漠是指当个体遭遇挫折时表现出无动于衷,对事物视而不见、漠不关心的态度,失去喜怒哀乐等正常心理反应。有时人们会以为挫折没有给受挫者带来很大的伤害而忽略他,而实际上他只是把愤怒暂时压抑,内心深处往往隐藏着很深的痛苦,这种压抑对于自身的影响是不可小觑的。

除了焦虑、攻击、冷漠这些典型的挫折应对方式严重影响其身心健康外,在虚幻情境中寻求满足的幻想应对、主观上否认挫折的压抑应对等方式对受挫者的心理健康影响也很大。

自杀是遭遇挫折后的极端反应。当个体受挫后，内在的不快乐因素或外界环境冲突因素，达到令人无法忍受的地步时，个体爆发的攻击力若受到阻碍，无法寻求解决问题的资源，无法向外界发泄时就会转向自身，就可能导致自杀行为。

一般常常认为挫折给人们带来了极大的伤害，但实际上挫折本身是中性的，每一个人都可能会经历各种挫折，所不同的是应对挫折的方式不一样，正是不同的挫折应对使挫折给人带来了不同的影响。良好的挫折应对方式帮助受挫者很快从挫折中吸取经验，挫折是他们的垫脚石，让他们站得更高、更坚强、更具有意志力，同时提高了解决问题和适应环境的能力。

三、物业从业人员情绪类型

人们在不同的工作时期情感需要不同，反映出不同的情绪状态，情绪具有明显的阶段性和可预测性。根据物业管理公司员工在不同时期表现出来的不同情绪特征，可以将其情绪状态划分为四种类型，即兴奋期、稳定期、抱怨期和阵亡期。

（一）兴奋期的员工及其情绪特征

当物业从业人员开始其探索性工作时，主要是指刚从事物业管理工作的人，他们对环境和人们对自己的看法比较敏感，可塑性强，具有新鲜感、好奇心和较高的工作热情，可以归类为兴奋期的员工。一方面，他们乐于学习和接受新事物，对未来充满希望，积极性和创造性很容易被调动起来；另一方面，他们缺乏实际工作的经验和成熟的人际关系。

（二）稳定期的员工及其情绪特征

稳定期的物业从业人员对物业管理的工作环境、业务流程、人际关系等各方面都已经比较适应，能够较好地处理各种复杂的关系，面对各种境遇有较好的心理准备和情绪调适能力，因此，相对来说，他们的情绪波动不大，对物业服务企业的各项工作有较为成熟的看法和评判标准，对于压力和挑战有较大的承受能力。

（三）抱怨期及其情绪特征

抱怨期的物业从业人员最容易看到的是企业存在的问题和困难，以及其他同类企业的优势。因此，他们往往对物业管理工作产生厌倦，不仅会冷漠地对待业主或其他物业使用人，还会衍生出沮丧、郁闷、生气等负面表现，从而影响工作效率和工作质量，进而影响物业管理公司的声誉和日常服务。

（四）阵亡期及其情绪特征

阵亡期的物业从业人员往往忽视积极面、曲解恶化事件、妄下结论、杞人忧天、偏激、以己代人、极度个人化思维等。他们甚至抱着"物业行业没有社会地位，我无法发挥理想抱负，在物业行业工作太丢人"的想法，对物业行业的工作失去热情。工作的压力太重、工作的环境太差、得不到好的待遇、特长难以发挥、实现不了自身价值是一些物业从业人员跳槽的普遍心态，他们往往觉得应该变换生活方式，调整工作环境。

四、影响物业管理从业人员情绪的因素分析

影响物业管理从业人员情绪变化的因素很多,横向因素有行业因素、个人因素、家庭因素、员工工作环境因素、岗位因素、自然因素、社会因素。纵向因素有员工个人心理周期变化因素、节假日因素等。

(一)职业压力紧张

职业压力是员工在职业生涯中受到的令个体紧张、感受到威胁性的刺激情景或事件,由此产生持续性紧张的情绪状态。有的公司实行末位淘汰制,对员工的要求越来越高,员工常常面临巨大的工作负荷,同事之间的激烈竞争,紧张的工作气氛,不进则退的不敢懈怠,非人性化的工作环境,角色模糊与角色冲突,还有对时间分配的失控。物业管理行业是一个服务行业,在2007年颁布的新《物业管理条例》中已经明确提出,将物业管理企业改成物业服务企业,这已经明确定位了物业管理行业的服务性质。在我国的传统观念中,服务行业过去常被看作是低人一等的。所以,在很多物业管理从业人员中,特别是一线员工,如保洁、保安、维修、绿化等人员,他们意识里面往往有一种自卑情绪。如果遇到少数对服务行业存在偏见的业主,会加重他们的自卑心理,使他们产生郁闷、悲观等情绪,这种负面情绪会显著影响其工作效率和服务态度。

(二)人际关系焦虑

特别是在由国企后勤改制的物业管理公司中,有的员工是由于上级或主业淘汰分配至物业公司工作的,常常由于不能处理好与业主、上下级同事之间的人际关系,由此产生心理焦虑,表现出恐惧、无助,对人冷漠麻木、冷嘲热讽、缺乏同情心、不信任他人、反应过敏,与他人保持距离等,因而对物业管理公司内部的合作与竞争氛围带来负面影响。

(三)职业性质和管理制度产生的工作倦怠

工作倦怠又称职业枯竭,表现为心理疲惫、情绪冷漠、丧失成就感和工作动力。原因在于员工个人感到在物业管理公司职业生涯前景黯淡,工作单调重复,缺乏创造性;或者对企业文化、发展理念、工作环境、管理机制或个人待遇不认同;保安站岗、门禁防卫、维修等工作枯燥、例行化、工作量过大、工作责任不明确、工作缺乏自主性、不能参与决策、分配机制不合理、奖惩失当、升迁机会少、管理者方法偏颇等因素而容易导致员工工作倦怠。

(四)个人生活的心理危机

员工个人生活中的一些困难,如身体欠佳、家属疾病或伤亡、子女成长挫折,经济负担过重、家庭财务窘迫、对失业和收入下降的恐惧、来自家庭的过高期望、由于工作占用精力和时间而对家庭及朋友产生的愧疚等,都会影响员工在组织中的工作情绪。

(五)心态失衡

现在很多高档小区,入住的大多是具有一定身份和经济能力的业主,物业服务企业的保

安、保洁等人员很多都是来自农村，看到高档楼盘和车辆，物质欲望膨胀，时间长了便产生不平衡心态，从而容易导致长期处于焦虑、紧张、厌倦、烦躁、无助等不良情绪，最终导致身体、心理和行为的消极变化。下岗、失业、腐败等社会问题，使一些人产生了失落感、相对剥夺感、不公平感等心理现象。如果长期得不到改善，势必会导致心理失衡，产生严重的心理问题。

心理不健康的员工是很难做好物业服务工作的，会降低工作效率，给物业管理公司造成许多负面影响。例如，缺勤率、离职率、事故率和人际冲突增加，难以相互合作、工作积极性和创造力下降，工作效率和业绩下降，为业主服务质量降低、人力资源管理成本上升等。甚至有时还会发生员工与同事、业主发生争吵、纠纷、打架事件，个别极端的还曾经发生过给社会和环境造成灾难的事件（如入室偷盗、纵火，甚至抢劫杀人等事件），从而给物业管理公司带来严重的形象损失和经济损失，甚至法律责任。

五、物业管理人员必备的心理素质

由于物业管理人员的工作对象、内容、任务、环境等因素的特殊性，要求物业管理人员应当具备一些特殊的心理素质，或者说需要有健康的心理。

1. 宽容豁达的心理

物业管理人员的工作范围广泛、服务对象复杂，业主有着不同的年龄、性格，不同的志趣爱好、不同的地位身份。这种人际关系的复杂性决定了物业管理人员应具有宽容豁达的职业心理。工作人员要做好工作并取得成功，首先要适应业主，要以主动、热情、诚挚的态度去面对广大业主。当业主利益与企业利益发生冲突时，工作人员应调整好自己的情绪，以和善的态度虚心听取业主的建议，体谅、尊重对方的意见，友善地对待批评指责，始终保持清醒的头脑，以便选择适当时机，以温和的态度、妥善的方法解决问题。

2. 自信乐观的心理

"自知者明，自信者强"这条古训，可以作为对物业管理人员的要求。在物业管理工作中，工作人员面对的业主类型层次纷繁，各种社会关系错综复杂，各种利益关系交织一体，要取得成功，往往会遇到多种困难甚至挫折。这就要求物业管理人员必须具有自信乐观的工作态度，具有高度的自信心和乐观的精神。在困难面前，自信者要从容不迫地凭借智慧和热情、依靠勇气和毅力，克服困难、排除障碍，稳步地实现自己的工作目标。因此，自信心是事业成功的基础，是才智发挥的前提，是自强不息的动力，也是克服困难、获得成功的保证。

谁也不愿意和哭丧着脸，甚至每天都板着脸的人交往。作为一个业主，也热切地希望他所面对的人能给他带来快乐。如果物业服务人员本身就是一个快乐的人，也会让业主感到接受服务是一种享受。

3. 积极热情的服务导向

服务导向是指一种与工作没有关系的、乐于为别人提供帮助的意愿。如果一个做服务工作的人，没有服务导向或服务导向不够强，选择了物业管理这个职业他就会很痛苦。因为，他从来就没有想过也不愿意去帮助别人，每次为业主提供服务时，都会觉得非常难受。但如果他本人就是一个有着很强服务导向意愿的人，他会发现服务是一件非常快乐的事情，因为每次都能通过帮助别人而深切地感受到一种快乐。

服务导向对一名服务人员来说是非常重要的，只有心里真正存在这种想法的人，才会主动地想要去为别人提供服务，才有可能更好地为客户提供最优质的服务。那么服务导向是不是天生的呢？答案是否定的，它是后天环境培养出来的。在服务工作中，怎样才能把服务导向蔓延到所有的人、蔓延到客户就变得很重要了。如果一个人，没有一种乐于帮助他人的意愿，就谈不上注重承诺，也谈不上宽容，更谈不上谦虚诚实、同情心和积极热情了。很多企业服务质量差就是因为他们没有优秀的服务人员。因此，在服务人员的基本素质中，具备服务导向的素质是最为重要的。

六、物业管理从业人员的心理保健技巧

斯特林·雷明顿曾经在《哈佛商业评论》中写道："每一个管理者对自己的下属员工有期望值，他也会有意无意地把这些期望溢于言表，员工也会有意无意地读懂管理者的意图，并按照管理者的意图行事，管理者对待下属员工的方式对员工会产生微妙的影响。"这些话同样适用于物业管理行业。管理者的期望能够激励人，并有效地将消极的情绪转变为积极的情绪。物业服务行业的管理者要充分表现出对其员工的支持、信任，传达一种积极的期望。员工得到的信任与支持越多，表现得就越优秀。当然，对于不同类型的员工，应采取不同的情绪管理策略，期望的具体内容也有所区别。

（一）不同情绪类型员工的情绪管理技巧

1. 对于兴奋期的员工，要鼓励、肯定

对于兴奋期的员工，要鼓励、肯定，而不是打击其工作热情与积极性，尽量增加他们以专业服务人员身份与业主沟通的机会，让他们用自己的情绪去带动业主。对于其业务不熟悉的地方，尽量多给一些学习的空间和机会。一方面安排培训，另一方面还可以安排受过专业培训、精通业务知识、具有较高工作绩效，并且能够通过建立较高工作标准而提供必要支持的主管人员传、帮、带，以及安排专门的现场学习机会，采用"一帮一""师徒制"等学习方法，帮助新员工尽快成长起来。

2. 对于稳定期的员工，应寻找情绪中的兴奋点与关键点

对于稳定期的员工，最重要的是寻找他们情绪中的兴奋点与关键点，并利用各种物质奖励、精神激励去调动其热情，使之与新员工互相激励。在各种公开的场合肯定并感谢他们作贡献，同时也要求他们做得更好，为他们提供更大的职业发展平台与空间。

3. 对于抱怨期的员工，重新寻找工作中值得肯定的地方

对于抱怨期的员工，必须强制性地将他们推回兴奋期，找回当初的积极与兴奋，找到他们在服务中值得肯定的地方，否则他们将会进入到阵亡期。如果出现了抱怨期的员工，在管理上必须引起足够的重视与注意。抱怨或其他负面情绪就像流感一样，很容易在人群之间散布开来。管理人员要及时与抱怨期的员工进行沟通，了解造成抱怨的原因是正常的职业倦怠，还是由于工作压力太大，或者是因为其他个人的原因所造成的压力。了解原因之后，对症下药地进行疏导，及时将问题解决于萌芽状态。

4. 对于阵亡期的员工，应因势利导，创造良好的工作环境和发展空间

对于阵亡期的员工，应采取以下三个方面的措施。

① 加强管理，建立健全人才培养和人才选拔机制，创造良好的人才发展环境，加强对人才流动的管理，从而使公司的发展与员工的个人发展紧密联系在一起，坚定他们对物业管理行业的信心。

② 对阵亡期的员工定期进行思想政治教育，培养他们的社会责任感和强烈的事业心，明确在当今市场经济条件下物业管理的重要地位和突出作用，激发他们对物业管理行业的热情。

③ 针对阵亡期员工制定措施，缓解员工的紧张情绪，有效地进行宣泄疏导。此外，还可以采用补偿疏导，如帮助员工设立、更新工作目标，更换工作环境或进行实质性补偿，为每一位员工建立心理健康档案，度身制定个性化的心理健康疏导方案等。

物业管理公司不仅要围绕人才的筛选机制、人才的激励机制、人才的福利留任机制等，考虑如何得到优秀的人才，如何让优秀的人才高效的工作。更要加强对普通员工的关怀力度，做好广大员工情绪管理的第一责任人，要多听取大多数员工的意见和心声，从细微之处关心全体员工的疾苦，真正做到想员工之所想，急员工之所急，务员工之所需。要善于不断改善员工的工作和生活环境，让员工切实体验到行业发展给自己带来的实惠。

（二）员工心理问题的自我调节

1. 学会从另外一个角度看问题

在遇到麻烦和困难时，最可取的做法就是以开放的心态，找一个真正信任的人聊聊，向他诉说，认真听听他的意见，别人的反馈信息可能指出解决问题的出路。承认自己需要帮助比独自忍受困难的折磨要聪明得多。

2. 信任他人，伸出求助之手

值得信任的人可以帮你创造一个安全的心理氛围，在这种氛围里，你可以表现出混乱、迷茫、痛苦、挣扎，甚至古怪，你不必担心他们对你的看法，因为他们会接受你的处境和做法。在他们面前，你可以哭泣、可以悲痛、可以把恐惧宣泄出来，从而化解你的压力和负担。同时，他们也会很真诚地告诉你，问题出在哪里，解决问题的方法有哪些，帮助你以现

实的方法来应对复杂的世界。

寻找信任的人需要花费一些时间和精力，他们可能是你的好友、社会上的心理咨询师、心存好感的老师、敬仰的长者，如果判断这个人有能力帮助自己，并且感觉他愿意提供帮助。在无力应对困难的时候能有人向你伸出求助之手，会得到温暖和力量。

3. 降低对自己的期望

当应对资源日渐枯竭时，体力和精力都不是最佳状态，或者在新的环境中，表现可能不会是突出的，这时，需要降低对自己的期望，更好地接纳自己的现实，应像对待处境艰难的好友那样照顾好自己，对自己更宽容些，没有人是万能的，也没有人是完美的。

4. 用心建立支持性的人际关系

支持性的人际关系有助于面对恐惧、沮丧、压力、孤独、绝望、自暴自弃，克服阻碍成长的困难。支持你的人就好比是杂技演员走钢丝时下面的一张"安全网"，他们让你有勇气去尝试新的行动，即使当你走钢丝遇到危险时，你知道在你跌落时他们可以接住你。

支持性的人际关系不是自发形成的。首先，你要变成一个对他人有帮助的人，当别人需要你帮助时，要向别人提供坦诚的援助和支持；其次，要用心选择朋友，坦率与他们分享自己的想法和感受，并着手建立信任关系。在紧密的人际关系中，每个人都有类似的难题，都有令人挫败的时刻，其他人和自己一样都会有各种各样的烦恼与问题。

5. 允许自己有一些无能和笨拙

着手做陌生的事情，或者进入新的不熟悉的环境时，可能在一段时间里做得不理想，因为需要时间学习新的技能和方法。因此要允许自己在新的尝试上的"无能"和"笨拙"，这样才能体验到学习带来的乐趣，乐观地欣赏自己新的成长。

6. 不要做一个完美主义者，从小处做起

当把目标选定为完美时，会发现这是一个不断变化的目标，可能永远都没有办法实现它。完美主义会使人体会到失败的滋味，摧毁自尊和信心。人生的旅行是一步一步完成的，所以，不要只是想着旅行的目的地而忘记了过程中的一个一个驿站。例如，也许拿到博士学位对于刚进大学的你来说这是可望而不可即的事情，对你来说，从小处做起就是到图书馆借一本与你专业有关的书籍来阅读，听一次精彩的讲座，做一道难解的题，向别人请教一个不懂的问题，你走了一步，再走下一步，直到冲过终点线。

7. 培养幽默感

在日常生活中，幽默能保护人们免受消极情绪的破坏性影响。因为笑是激发生命活力的无价之宝，它能够增加一个人的精力，赋予人生机勃勃的精神，使人乐观看待生命。

8. 牢记逆境求生八大守则

逆境求生的八大守则是由SURVIVAL（生存）的8个英文字母分拆开来的，每个字母代表一项求生守则。总的来说，就是"在逆境中不可绝望，永不放弃生存的意念"。（注：摘

自《长江周末》)

　　S（size up the situation）——迅速评估周围的环境。
　　U（undue haste makes waste）——冷静、从容地思考下一步的行动。
　　R（remember where you are）——搞清你身在何处。
　　V（vanquish fear and panic）——克服心理的恐惧和惊慌。恐惧和惊慌是求生的大忌，在一个陌生的环境中，越慌张就越难冷静思考，一旦方寸大乱，肯定什么事也做不成。
　　I（improvise）——灵活地利用周围的资源或材料。
　　V（value living）——珍惜生命。
　　A（act like the natives）——好像土著那样老练，懂得获取所需的资源。
　　L（learn basic survival skills）——牢记基本的求生技能。

　　易普生曾经说过："不因幸运而故步自封，不因厄运而一蹶不振。真正的强者，善于从顺境中找到阴影，从逆境中找到光亮，时时校准自己前进的目标。"人的生活不会一帆风顺，人生也不会一帆风顺，会遭遇障碍、干扰和挫折，也许还会陷入不同程度的困境。但是，只有在挫折中磨炼自己的意志，才能如雄鹰一般飞向人生的巅峰。

【复习思考题】

1. 物业管理从业人员常见的心理问题有哪些？
2. 简述影响物业管理从业人员情绪的主要因素。
3. 物业管理从业人员的情绪一般分为哪几种类型？
4. 在物业管理中，如何对物业从业人员进行心理调控？

项目十四　企业内部的心理氛围营造

【学习目标】

能力目标

充分了解企业群体内部心理氛围的特征，恰当运用相关知识解决群体冲突，增强凝聚力与向心力，调动员工积极性等。

知识目标

了解企业内部心理氛围的基本概念及构成；掌握凝聚力与向心力、群体冲突，以及激励的主要概念和主要理论；重点掌握各种理论在管理中的应用。

【案例引入】

日立公司内的"婚姻介绍所"

在把公司看作大家庭的日本，公司老板很重视员工的婚姻大事。例如，日立公司内部就设立了一个专门为员工架设"鹊桥"的"婚姻介绍所"。一个新员工进入公司，可以把自己的学历、爱好、家庭背景、身高、体重等资料输入"鹊桥"电脑档案。当某名员工递上求偶申请书，他（或她）便有权调阅电脑档案，申请者往往利用休息日坐在沙发上慢慢地、仔细地翻阅这些档案，直到找到满意的对象为止。一旦某人被选中，联系人会将挑选方的一切资料寄给被选方，被选方如果同意见面，公司就安排双方约会。约会后双方都必须向联系人报告对对方的看法。日立公司人力资源部门的管理人员说：由于日本人工作紧张，职员很少有时间寻找合适的生活伴侣。我们很乐意为他们帮这个忙。并且，这样做还能起到稳定员工、增强企业凝聚力的作用。

请思考

1. 从日立公司内部设立"婚姻介绍所"的做法中，你有什么启示？
2. 在管理中，应如何进行群体心理氛围的营造？

一、企业内部心理氛围概述

企业形象不仅依赖于企业的自我塑造和客户的认知与情感认同，而且有赖于企业内部心理氛围的创造。良好的内部环境和心理氛围，可以增强企业内部的凝聚力，并获得内部员工的支持，从而使企业形象更加丰满，更加有利于企业的生存和发展。

（一）企业内部心理氛围的含义

企业内部心理氛围即企业内部的心理环境，是企业员工对企业、工作、人际关系，以及企业与外部关系的认识和情感的综合反映，也是企业中占优势的人们的态度与情感的综合表现，反映着团体的精神风貌和文化心理特征。

心理氛围一般具有相对稳定性，因为它是企业员工主体意识的反映，这种主体意识一旦形成，就很难立即发生改变。并且，这种主体意识反映的是主体的情感特征与性格特征，它以情感沟通为核心，对员工的感染性极大，会对每位员工产生潜移默化的影响，并最终给企业染上特定的心理色彩。

根据心理氛围的性质，将其分为不同的类型，即积极的心理氛围与消极的、恶化的心理氛围。企业心理氛围优劣的指标之一就是凝聚力，即企业具有使其所有员工愿意在企业内存在的吸引力，使他们具有一致的目标和"自己人"情感及主人翁的意识，并对成员带来支持、安慰和归属感的力量。积极的心理氛围主要表现为有序高效、认同相容、宽松和谐、齐心协力、朝气蓬勃；消极的心理氛围则表现为无序低效、消极怠工、紧张排斥、冲突迭起等。很显然，心理氛围直接影响工作效率与效益，并直接影响企业形象的自我塑造。

（二）企业内部心理氛围的构成

简而言之，企业内部心理氛围是一种团体内部的心理环境，因而它主要是指企业中以集体意识为主要内容的对企业本身、工作、人际关系，以及对外部公众的感知与认识。具体来说，可以从集体意识、主人翁意识和员工的公众意识三个方面来认识。

1. 集体意识

集体意识是指成员对集体的认同态度。集体意识一般包括两个层次：一是企业内个别成员的集体意识；二是员工群体的集体意识。就其发展过程来看，前者是后者形成和发展的基础，后者则是前者进一步培养和升华的结果。

企业员工的集体意识即员工所持有的积极、正确的态度和努力维护集体形象的行为表现。它体现着集体对其成员的吸引力、凝聚力和长远对集体的向心力。也是指员工对企业的认同感、归属感和忠诚感。具体来说，表现为服从决定，能够积极完成任务等，同时自觉地关心企业发展，愿意为之奉献自己的力量，如果具有共同的集体荣誉感，在危机出现时，能够群策群力渡过难关。

2. 主人翁意识

主人翁意识最通俗的解释是把自己当作企业的主人，把企业当成私有财产，是以一种与公司血肉相连、心灵相通、命运相系的感觉，去做好每一件事情，去面对每一个客户，在员工每一个成功或者失败的经验里面，渗透出企业及员工个人这种共同的精神气质。著名的企业家山姆托伊说:"若能使员工皆有归属之心,这种精神力量将胜于一切,只有靠整体从业人员的彻底向心力,以企业的盛衰为己任,才能使企业臻于成功之境。"他认为,这种"归属之心""精神力量"就是主人翁意识。

树立主人翁意识最为关键的是要树立一种正气。正气首先来源于正确的制度,更为关键的是来源于执行。而执行力恰恰需要另一个层面的员工来实施,那就是管理层,取决于管理层的"职业操守"。既然选择了一种职业,就应该具有这种职业所要求的言行举止,时刻以自己的专业精神来面对自己的工作,不以个人利益为主导,任何时候都能坦然并正确地面对来自各方面的压力和诱惑,否则就没有资格去从事这种职业。这就是职业操守。"主人翁意识"与"职业操守"都是对员工敬业爱岗的要求与期望。然而企业在实际管理过程中,它们所起的作用却不尽相同,它们的目标对象也并不完全一致,而企业也应以不同的概念来对应不同层面的员工。对普通的基层员工要强调"主人翁意识",而对中高层管理者则要求他们应该具备一定的"职业操守","职业操守"高于"主人翁意识",是"主人翁意识"的升华。

3. 员工的公众意识

员工的公众意识是指企业要自觉地将公众的意愿和利益作为决策和行动的依据,积极引导和影响公众,使企业与公众在长远利益上取得统一。公众对企业的评价取决于企业行为的好坏和公众需求的状况。为公众服务、让公众满意已成为任何一个企业存在的前提。企业要在竞争中发展,就必须获得公众的认可与支持,必须真正将企业的生存发展与自觉维护公众利益联系起来,最大限度地为公众服务,让公众满意。

作为企业员工,应该明确认识到企业形象塑造的重要性。在工作中,努力做到在公共场合或对外交往时,不说、不做有损企业形象的言论和行为;在公共场合能适当地正面宣传企业,能按照企业的行为礼仪要求从事管理服务和对外交往活动,发现有危害企业声誉的言行时,能立即制止。

二、企业群体的凝聚力与向心力

群体凝聚力是指群体或组织对其成员、成员之间形成的吸引力。这种吸引力,构成了社会组织和群体的凝聚力,是社会组织或群体的相容心理、认同心理和归属心理的表现。构成群体凝聚力的因素包括群体成员间相互吸引、群体活动对成员的吸引力、群体满足成员个人需要的吸引力。高群体凝聚力的群体具有以下特点:群体成员之间有良好的人际沟通能力,人际关系和谐;群体成员乐于加入到群体中来,并积极参加群体组织的各种活动;群体成员对群体拥有责任意识,自觉维护群体的利益和荣誉;群体成员具有较强的归属感、尊严感和自豪感。

向心力是指群体成员围绕和追随某个中心发挥作用的倾向性和自觉性。向心力一般有两种类型:一种是围绕和追随领导人的向心力,称为权威向心力;另一种是围绕和追随组织目标的向心力,称为目标向心力。权威向心力的特点是以权威为中心,一般表现为领导人有至高无上的权威，往往被视为"精神领袖"，员工对其无限信任和绝对服从，而其在社会上也有很大的影响，该领导人是灵魂，是内外影响力的源泉。目标向心力是以目标为中心组织实施的民主决策、目标管理，成员的思想和行为都指向完成企业各个层级的目标。

（一）群体凝聚力和向心力的形成

对于一个企业来说，核心是"人"。如果能够把企业所有员工的力量集中起来，共同指向同一方向，那这个企业就有了成功的可能；反之，一个企业如果拥有大量优秀甚至很杰出的人才，但没有一个统一的奋斗目标，由于企业员工的方向不明，所做的努力也只能是徒劳。因此，企业建设的首要重点就是提高企业内部的群体凝聚力和向心力。企业中的凝聚力与向心力的形成包括以下内容。

1. 让企业员工感受到企业的温暖

企业员工是企业的内部公众，要让企业员工对企业有感情，首先企业要对员工有感情。企业是温暖的，才能让员工有家一样的感觉，才会形成企业凝聚力和向心力。成功的企业都十分重视给予员工全面的关心，总是把自身看作一个扩大了的家庭，大力培植温馨的家庭气氛。他们不仅关心员工的工作、进修、奖励、晋升，而且关心他们的家庭生活和"个人问题"。员工的家庭生活和"个人问题"，是员工的基本生理和心理需要的重要组成部分，不但直接关系到员工本人的情感状态和工作效率，而且对企业内部的人际关系也有影响。如果能在企业内予以关心，不仅有助于调动员工的积极性，也有利于掌握对员工心理的良性调控权。

2. 建立共同愿景，用愿景激发企业员工的事业心

"愿景"是指一种愿望、理想、远景或目标。共同愿景是企业中全体员工的个人愿景的整合，是企业中员工都真心追求的愿景，是能成为员工愿望的愿景。它由三个要素组成，即目标、价值观和使命感。一个企业光有目标还不行，要实现目标，还必须要有共同的价值观和使命感作为强大的支撑保证。企业的价值观是企业精神的灵魂。价值观是一个体系，一个企业成功与否就要看这个企业能否构筑起科学的、先进的价值体系，有了这样一个明确的价值体系才能使全体员工向一个方向前进。管理大师彼得·圣吉认为，共同愿景是企业中各个员工发自内心的共同目标，是蕴藏在人们心中一股令人深受感召的力量。一旦真正建立共同愿景，那么它会有足够的吸引力，把人们的所有努力汇集到一点，从而形成强大的凝聚力。激发员工的热情、干劲，调节员工之间的关系，使企业成为风雨同舟、戮力同心的坚强集体，并为企业的生存和发展提供长久的动力。

3. 正确处理企业内部的利益关系

随着社会主义市场经济的逐步建立，各种企业内部的利益关系也发生了重大而深刻的变化。由于利益关系直接与每个企业员工相联系，因而必须慎重处理。

① 要注意物质利益分配的合理性，金钱不是人们所追求的唯一目标，但金钱可以满足个人的许多需求，有时它代表一个人在企业中的成绩和贡献。同工同酬，以工计酬，公平合

理，就能提高员工的工作积极性；反之，不合理的薪资制度会引起员工的不满情绪。

② 企业必须尊重员工的劳动和尊严，使员工处处感受到自己作为企业不可或缺的一分子的"主人翁"价值，认识到企业的兴衰荣辱与他们的工作效益息息相关。这样，员工就会因个人作用受到重视、个体价值受到肯定而增强自己的责任感和使命感，自觉地将自己的利益与企业的利益融为一体，自觉地与企业同呼吸、共命运，并在对外交往中自觉地以企业一员的角色维护企业的良好形象。

【小思考】

有人说：公司给的薪金多，员工的凝聚力就强，这句话对吗？为什么？

（二）企业的凝聚力与向心力的培养

一盘散沙难成大业，紧握的拳头打出去才更有力量，而企业凝聚力的强化与其员工的目标又紧密相关，因此企业凝聚力与向心力的培养应该从以下几个方面着手。

1. 确立理念

企业形成了共同的理念，才可能做到企业员工共同来编织企业的共同愿景。每一个企业都必须有一个价值信念和行为宗旨，以维系和激励全体员工，充分调动他们的积极性、主动性和创造性。有共同的理念就可以增进凝聚力，因为正确、先进的目标是人们共识的结果。在认识过程中，人们摒弃了错误、落后、模糊和不恰当的目标，在分析内外因素、自我能力的基础上逐步形成了为共同目标奋斗的结构和精神状态，能够把企业员工内聚在目标周围，即形成"志同道合、共同奋斗"和"价值-方向相同"的局面。

2. 树立企业与员工是合作伙伴关系的理念

传统的企业与员工的关系是雇佣与被雇佣的关系，在这种关系下，虽然企业一直强调员工应具有主人翁的精神，但事实上，这个主人翁的地位很难被员工在思想上加以肯定，而始终认为员工是处于从属的地位，因此很难对员工产生有效的激励。如果树立企业与员工是合作伙伴的理念，才真正肯定了员工在企业中的主人翁地位，从而让员工感受到企业的认可与尊重，就能够对员工产生持久的激励效应。

3. 增强内部员工的认同感、归属感和向心力

美籍日本管理学教授威廉·大内指出："提高劳动生产率的关键是建立一种信任、微妙和亲密的人际关系。"注重人际和谐是企业成功的"秘密武器"，企业内部关系是要像家庭关系那样充满感情与人情味。

4. 完善企业合理化建议

合理化建议制度是管理的民主化制度，是一种较为成熟和规范化的企业内部沟通制度，

主要作用是鼓励广大职工直接参与企业管理,并且可以通过上情下达,让企业的管理者与员工保持经常性的沟通。日本丰田汽车公司从 1951 年起推行合理化建议制度,当年就发动职工提出建议 1 831 条,到 1976 年达到 463 000 条,平均每个职工提出建议 10 条以上。公司对好的建议者发给高额奖金,而且因为制度本身的民主性和员工直接参与的快感,大大激发了员工的积极性和荣誉感,满足了员工的成就感,促进了员工的使命感,增强了企业的凝聚力。

5. 营造一个充分沟通、信息知识共享的环境

随着社会的发展,企业内部沟通方法和手段也有了很大的发展。企业可以充分利用黑板报、企业内部报纸杂志、内部电视网络、内联网等多种传媒,运用座谈、会议、电话交谈、网上聊天等多种方法,使员工能方便地了解到各种所需的信息与知识。

6. 深挖内涵,建设有特色的企业文化

企业凝聚力和向心力的形成,仅仅依靠外部刺激或是制度来实施是远远不够的,还要通过在企业内部建设符合本企业特色的企业文化,从而真正地在企业和员工之间、员工与员工之间建立起富有意义的合作伙伴关系。企业文化是指企业的传统和氛围,其核心内容是企业员工共同拥有的价值观和共同的行为规范。当今的信息时代给企业带来了新的机会,与此同时,快速、激烈的竞争将迫使企业中的结构不断优化,因为这也是保持企业竞争优势的唯一途径。信息时代的企业还要适应以人为本的价值观,实现制度管理向文化管理的转变,这也是柔性管理的关键所在。

三、企业群体的冲突

群体冲突是在群体之间公开表露出来的敌意和相互对对方活动的干涉。从一个方面看,冲突将妨碍现有组织与人员的运转,但是群体冲突并不总是有害无益的。如果能保持在合理的程度和有限的重要事件上的话,那么冲突实际上能使组织更有效地运行。

(一) 群体冲突的产生

群体冲突一般不会因为非理性或微不足道的小事而发生。相反,而是由于组织协调不同群体的工作和在这些群体间分配奖赏的方法造成的。

1. 工作协调

群体冲突最常见的原因可能是出自几个不同部门之间的工作协调问题。

(1) 序列工作相互依赖

序列工作相互依赖是指一个工作群体为了完成其任务必须依赖组织的其他单位的程度。序列工作相互依赖的情况是:一个群体的产品(产出)是另一群体的原材料(投入)。例如,建筑师设计的规格参数成为工程部门活动的起点。一个群体的活动对另一群体的绩效影响越大,群体冲突的可能性就越大。

(2) 相互工作的依赖

相互工作的依赖是指每个群体的一些产出都成为另外群体的投入。由于相互工作依赖而产生的群体冲突在于群体对绩效的差异，每个群体都对接收来自其他群体的工作质量或数量感到不满意。例如，采购部门和工程师常常因为任务依赖性而发生群体冲突。采购部门承担在符合质量要求的前提下，以最低成本为组织获得原材料的责任，采购人员特别不希望工程师告诉他们应该购买什么特定品牌的物品，他们只要得到所采购物品的功能性规格，以便他们能够更有效地和许多供应商讨价还价。然而，采购人员的这种要求却会造成工程师工作量的增加，因为如果那样的话，工程师必须在材料订单中提供更详细的情况，而且还必须测试多种牌子的产品，以确定哪些能够符合他们的规格要求。工程师和采购人员双方都认为对方侵犯了本属于自己管理的职责范围。

(3) 工作模糊

如果组织不明确规定哪个群体应对某项活动负责，那么群体冲突也可能发生，这种对工作职责缺乏明确规定的情况称为工作模糊。工作模糊常常引起工作群体间的相互敌视。因为工作模糊往往使重要的工作责任模棱两可，处于群体之间谁也不负责的真空之中，而每个群体却都认为这是对方的缺点，因而感到义愤填膺。

(4) 工作方向的差异

企业的员工进行工作和与别人交往的方式随职能不同而各有差异。首先，各职能群体在对时间的看法上不一样；其次，不同职能部门的目标差异很大；最后，不同职能部门人员的人际关系是有差异的。两个工作群体的目标、时间和人际关系差异越大，在他们不得不协调其工作时，两个群体就越容易发生冲突。这些工作方向上的差异使各群体对其他群体的行为感到失望或不可理解。

2. 企业的奖赏制度

企业监控群体绩效和分配资源（如资金、人力和设备）的方式是产生群体冲突的第二个主要原因。在群体间为稀少的资源展开竞争时，他们就会发生冲突。

(1) 资源的相互依赖

群体间在完成各自的工作任务时是相对独立的，但会相互竞争资源，会在公司总部为额外的预算分配或额外的人力资源而展开竞争。当企业发展缓慢或根本不发展时，这种在资源方面不可避免的冲突将变得更加激烈。

(2) 矛盾的奖赏制度

企业奖赏制度的设计造成这样一种情形：一个群体只能通过牺牲其他群体的利益来实现自己的目标。这种矛盾的奖赏制度不可避免地会导致群体间关系的恶化。

(3) 竞争作为一种激励手段

管理者有时利用群体间的竞争作为激励员工的一种手段。这种策略的基本原理是：人在有压力时将会生产出更多的产品，因而群体间的竞争对组织来说是有益的。不幸的是，这个理论虽然看上去似乎很诱人，但实际上群体间的竞争常常导致群体间冲突的增加，而生产率却没有得到提高。一般相互合作的群体能更好地协调它们的活动，而且更充分地沟通信息和交流思想。

(二) 群体冲突动态分析

1. 群体内部的变化

在群体冲突之初，群体在知觉、态度和行为等方面的五个变化特别值得注意。

(1) 忠于群体显得更为重要

当面临外来威胁时，群体要求各成员忠于群体，这时群体对其成员同群体以外的人的社会交往不仅不提倡，而且是明确的阻拦。因为他们认为，这种交往可能会无意中泄露公司的策略与机密。这时群体对不合群的人的监视更严，当出现违规时将处以重罚。

(2) 对任务的完成越来越关心

由于冲突，群体尽最大努力干好工作的压力增加了，因此，群体对成员的个人需要及关心程度降低，而对完成任务却更为关心，群体气氛变得不像以前那样不拘礼节。

(3) 群体中的领导作风趋于武断

当出现群体冲突时，对群体来说，能以统一的方式迅速对其他群体的活动作出反应就显得尤其重要。民主的工作方式可能会削弱群体迅速作出反应的能力。更为糟糕的是，民主的领导方式允许发表不同的意见、观点；相反，比较专横、武断的领导方式加强了群体对外来威胁迅速作出反应，以及建立统一战线的能力。

(4) 工作群体的组织和结构更趋"刚性"

由于发生冲突，群体更加关心任务的完成，领导作风更加专横、武断。与此相一致，工作群体的组织和结构更加"刚性"，活动的协调量增加，群体还制定和强制实施附加的规则和条例，责任也都具体地落实到了各群体成员。

(5) 群体凝聚力增强

面对外来威胁，群体成员之间过去的分歧与纠纷不复存在，群体上下同心协力地迎接挑战，这时各群体成员会发现无论是作为整体的群体还是群体的每个成员都比以前可爱多了。

2. 群体间关系的演变

在群体之间发生冲突时，群体间关系的本质也显著发生变化，表现为以下四个方面。

(1) 对本群体及其他群体的知觉均偏离事实

首先，群体成员对自己群体的知觉带有很强的选择性：人们往往只看到本群体好的方面，而否认自身群体的工作中有任何不足。其次（这更为重要），对其他群体的看法与实际情况完全相反；人们只看到其他群体的缺陷，而否认他们的工作成绩。因此，群体冲突往往导致更深的偏见，形成更多的框框，每个群体都给自己戴上过分肯定的"高帽子"，而对其他群体的看法则过分否定。

(2) 群体间的相互交流和信息沟通减少

由于群体成员对其他群体的成员怀有敌意，因而相互交往接触的愿望不很强烈，另外，由于交流减少又使每个群体更容易维持对其他群体的否定看法。在这时，即便群体被迫进行相互交流，这些接触也往往过于正规和僵硬，群体间应交流什么信息，往往都要经过仔细的斟酌分类甚至故意回避，因为此时各群体往往看不到他们之间观点立场的共性而夸大差异与分歧。

(3) 对待其他群体的方针由"为解决问题"变成"为输赢"

这种方针的转变表现在几个方面：①群体间的差别更为显著，从而使目标成为"我们与他们"，而不是"我们与问题"；②和其他群体的一切交换都以输赢来衡量；③群体往往只从自己的角度看问题，而不是考虑到双方的需要；④冲突各方重视短期内赢得冲突的好处，而往往不考虑冲突给群体间关系造成的长期阴影。

(4) 对竞争对手的敌意加深

偏见、交流减少，以及以输赢为目的，这些都不可避免地使竞争群体间的关系恶化、敌意加深。其他群体的成员被看成敌人，因而认为受到敌对的攻击。

(三) 处理群体冲突的策略

1. 处理群体冲突的原则

要想很好地处理好企业组织中的矛盾和冲突，首先必须掌握正确地处理员工关系中的矛盾和冲突的原则，作为冲突的当事人应该掌握以下原则。

(1) 对事不对人

当矛盾和冲突发生时，双方应当尽快让自己的情绪平静下来，不要把事情本身和个人的恩怨联系在一起，混为一谈。

(2) 致力于问题的解决

不要将冲突升级为一种较量，一定要分出个输赢。对问题的解决不存在谁输谁赢的问题，关键是使问题得到有效的解决。因此，应当把注意力放在问题的解决上，否则只会让矛盾和冲突升级，无法解决问题。

(3) 保持公平和正义

无论是什么样的矛盾和冲突，当事双方和中间人都应当努力遵循公平和公正的原则，不能有所偏私。偏袒只会使矛盾激化，而且会产生矛盾的移位，使矛盾扩大化，使冲突更加复杂化。

(4) 保持开放的心

矛盾和冲突的双方容易倾向于先确定一个自己的预期目标，不达到目的不肯罢休。这样的做法往往无助于矛盾的解决，相反，还会加剧矛盾和冲突。只有用开放的心态聆听对方的看法，并以公正的态度寻找一个共同的标准，才能在这样的基础上得到双方都能接受的结果。

(5) 尽量采取双赢的原则

虽然双方的矛盾和冲突有的时候是不可调和的，只有采取强制的输赢策略才能结束矛盾和冲突，但是在大多数情况下的矛盾和冲突，双方都有着共同的利益，采取富有建设性的双赢策略，可以使双方的利益趋于一致，并最终实现双方利益的最大化。

2. 群体冲突处理的策略

冲突和矛盾是多种多样的，因此处理的策略也是各不相同的。根据采取策略的武断程度和合作程度，可以分为强制策略、回避策略、妥协策略、和解策略和合作策略。各种策略有不同的运用场景，具体说明如表14-1所示。

表14-1 群体冲突处理策略

策略类型	适用的冲突类型
强制策略	1. 紧急情况，必须采取果断行动的 2. 需要采取特殊手段处理的重要问题 3. 反对采取不正当竞争手段的人 4. 处理严重违纪行为和事故
回避策略	1. 处理无关紧要的问题 2. 处理不可能解决的问题时 3. 解决问题的损失可能超过收益时
妥协策略	1. 双方各持己见且势均力敌时 2. 形势紧急，需要马上解决时 3. 问题很重要，不能采取独裁和合作方式解决时 4. 双方有共同利益，但又不能用其他方法解决时
和解策略	1. 需要维护稳定的大局时 2. 矛盾会导致更大的损失时 3. 自己犯了错误或不如对方时 4. 做出让步会带来长远的利益时 5. 对方的利益比自己的利益更重要时
合作策略	双方有共同的利益，且可以通过改变方法和策略满足双方意愿时

四、企业员工的激励

（一）员工激励概述

员工激励是企业管理尤其是人力资源管理的核心问题。在人才竞争日益激烈的市场经济中，企业必须不断改进人力资源管理工作，提高激励的有效性。激励机制是否得当影响到企业的经营业绩的好坏，甚至关系着整个事业的成败。企业应该采取适合自身的具体措施，使激励更具有针对性。另外，对员工进行激励，还应该注意激励措施的系统性，不能顾此失彼，否则会使激励的正负效果相互抵消，降低激励的投资回报率。

关于激励机制必要性的认识古已有之，所谓"水不激不跃，人不激不奋"。西方管理学中也曾有言："人们总是喜欢去做受到奖励的事情。"

在当今经济社会中,只有在有效的激励下,企业员工才会发挥积极性、主动性、创造性,完成自己的工作目标,并为企业创造新的价值。在现实中,也常听到"公司的成绩是全体员工努力的结果"之类的话,表面看起来管理者非常重视员工的作用,但当员工的利益诉求以个体方式出现时,管理者往往又会以企业全体员工整体利益为由加以拒绝。这让员工觉得公司的所谓"重视员工的利益和价值"只不过是一句空话。明智的管理者都知道,用人是企业兴衰成败的关键,只有通过激励员工,提高人才的工作效率和积极性,企业才能在激烈的市场竞争中立足。

对员工的激励一般可以从内容和过程两个方面进行探讨,其中又以内容型激励理论为主体。只有明确了用什么来激励,才能进一步研究激励的阶段和过程问题。

(二)激励理论

关于激励的理论有很多,本书主要就赫茨伯格的双因素理论、马斯洛的需求层次理论来对内容型激励在企业管理中的意义加以论述。

1. 赫茨伯格的双因素理论

赫茨伯格(Fredrick Herzberg)的双因素理论指出,一些工作因素只能防止产生不满意感,而另外一些则能产生满意感,这两种因素对应的是人生活的不同层次。

第一类因素称为保健因素,包括企业政策和管理、技术监督、薪水及人际关系等。这些都是员工从一份工作中所能得到的最基本的利益,是工作和生活的最基本保障。因此,在这类因素不具备的时候会引起员工的强烈不满,而因素具备的时候也不会产生很大的激励作用。老板许诺给员工的薪水即便是按时按量兑现,也不过是员工的应得报酬,不会对员工产生什么激励,相反如果一旦薪水未能兑现,则很有可能产生消极作用导致人员的流失。

第二类因素称为激励因素,包括工作本身因素、认可因素、成就和责任等。这些因素反映的是员工在基本生活状况得到保证的情况下,对于更高层次物质生活和精神生活的追求。因此,不具备的时候不会引起很大不满,而具备的时候会产生很大的激励作用。公司通过这些激励因素以显示自己对员工的重视,以及对员工价值的认可,这也是一种以人为本的思想的体现。

日本松下集团就是一个很好的例子。公司高层领导开会时使用的桌子是圆的,而不是常见的长方形,这为会议创造了一个平等的环境,与会的人都觉得自己是集体中的一个无差别的个体,能够尽心尽力地为公司出谋划策。麦当劳深谙员工激励之道,会按照具体情况为每个人及不同岗位制定目标,一旦达到目标,就可以获得公司内部的积分奖励,从而得到旅游、职业发展、抽奖、聚会、带薪休假等的机会,所有的员工都是平等的,只要努力工作就能改变命运。

赫茨伯格的双因素理论表明,"激励因素"是让企业员工发挥积极性、创造性的关键。所以有效的激励机制应该避免"激励因素"转化为"保健因素",使"激励因素"成为激励员工的持久动力。企业在实施激励机制的过程中,应该根据内外环境的变化适时加以调整，使其能为持续激励本企业员工发挥作用，实现员工个人目标和企业战略目标的协调发展，最终实现企业长盛不衰的发展。

多数企业认为，只要给员工更多的报酬，员工的工作积极性就可以得到有效激发，他们把这看作是一种"激励因素"，因为员工的薪水提高了，他们也就得到了超过"保健因素"的回报。事实上，这一做法也确实能在短时间内提高员工的工作效率，但时间一长，问题便接踵而至。加薪一段时间以后，员工陷入"加薪疲劳"，工作效率又回到从前，这时的员工往往期待再次加薪，如果加薪的期望得不到满足，就可能选择离开。可是没有公司会因此不断地给员工加薪，结果加薪反而导致公司陷入尴尬境地。这便是"激励因素"转化为"保健因素"给公司带来的后果。

其实按照赫茨伯格的研究，只要公司能维持一定的"保健因素"，员工就不会对工作产生不满，但也不会大力投入工作，这时管理者们要做的是尽可能多地提供各种激励。但是每一种激励都不应该是长期维持或是恒定不变的，而应该根据员工、工作和市场的状况适时地进行调整，以短期的、集中的激励为主，长期的、不显著的激励为辅，从而保证激励的长期有效性，以达到借助人才的力量实现企业发展目标的计划。

2. 马斯洛的需求层次理论

内容型激励理论的另一个重要部分便是马斯洛（Abraham Maslow）的需求层次理论。这一理论将激励需求分为生理需求、安全需求、社交需求、尊重需求和自我实现需求五大类。

这五类的需求层次是逐级递增的。一般只有在较低层次的需求得到满足之后，较高层次的需求才会有足够的活力驱动行为，很少有人会追求与自身实际情况并不相符的层次。就好像一个濒临饿死的人，即便是授予他再高的头衔，对他来说也是于事无补，它的激励作用还比不上一碗饭来得有效。

这种现象其实在足球界和篮球界中十分常见，如果把球员看作俱乐部的雇员，那么基本年薪就是他们的生理需要，而获得锦标是他们的尊重需要和自我实现需要。人们经常会看见球员离开冠军球队投奔低级别球队，也经常能看到球员离开运动大国转而去其他国家，究其原因不过是一个"钱"字。作为球迷往往无法理解运动员的这一举动，不明白为什么他们会因为一点薪酬上的纠纷就放弃运动场上的荣耀。但事实上，人都是有需求的，每个人在不同的阶段都有对不同事物的需求，没有满足他们的这些需求就无所谓激励。当俱乐部和球迷们不断强调成就感和荣誉的同时，他们却忽略了一个人最基本的需求——生理上的满足，这与他们当前所处的位置和所获得的荣誉无关。只有生理上的需求得到了满足，他们才有追求更高层次需求的动力。

马斯洛的需求层级理论的核心建立在对于人性的理解和尊重的基础之上，管理者必须了解员工并能尊重员工的需求，一旦与这一基础相悖是不可能形成有效的激励机制的。

这一需求层次的变化同样可以从两个国内标志型企业中看到。海尔集团在创业初期的企业理念是："无私奉献，追求卓越"，而在1996年7月将其调整为"敬业报国，追求卓越"。而华为公司则提出："不让雷锋吃亏。"这也正是两个企业能够获得成功的原因之一。

对人生价值的追求是必不可少的，但是对其的追求必须建立在满足其他基本需求的基础上，否则一切豪言壮语只不过是"无源之水，无本之木"，不可能长久地持续下去。但同时人们也不得不承认这一层次的递进并不完全适用于所有人，也不能否认有人为了赢得他人的尊重实现自身的价值而越过生理、安全等层次需要的可能，中国自古便有"廉者不受嗟来之食，不饮盗泉之水"的说法。一些公益性质的举动，如我国的希望工程，创办者不去计较个人的得失，以振兴贫困地区儿童教育事业为己任。

马斯洛的需求层次理论并不是从根本上固定了各个层次之间的顺序，而是认为任何一种特定需求的强烈程度取决于它在需要层次中的地位，以及它和所有其他更低层次需要的满足程度。也就是说虽然需求和个人的人生观、价值观有着密不可分的关系，但这一关系不能简单地由人品或是人格来界定，不能简单地认为以满足生理需求为先就是不高尚的，而以实现尊重需求和自我价值需求为先就一定值得推崇。

当然，赫茨伯格的双因素理论和马斯洛的需求层次理论都只是一个类似纲领性的指导思想，管理者们必须根据企业自身的状况、企业员工所处的不同阶段，以及市场的普遍情况来取相应的激励措施，同时坚持以人为本的指导思想，在考虑整体利益之时，也必须切实注重个人的利益，以发挥整体每个组成部分的最大能动性。公司就像一个盛水的大桶，只要有一块"短板"的存在，公司的发展前景就必然会受到或多或少的制约。

【小思考】

猎狗与兔子

一只猎狗将兔子赶出了窝，一直追赶它，追了很久仍没有抓到。牧羊人看到此种情景，讥笑猎狗说："你们两个之间小的反而跑得快很多。""猎狗回答说："你不知道我们两个的跑是完全不同的！我仅仅为了一顿饭而跑，而它却为了性命而跑呀。"猎人想，猎狗说得对。我要想得到更多的猎物，就得想个好办法。于是，猎人又买来几只猎狗，凡是能够在打猎中抓到兔子的狗，就可以得到几根骨头，抓不到兔子的狗就没有饭吃。

过了一段时间，新问题又出现了。大兔子非常难抓，而小兔子好抓，抓到了大兔子得到的奖赏和抓到小兔子得到的奖赏差不多。善于观察的猎狗发现了这个窍门，专门去抓小兔子，慢慢地，所有猎狗都发现了这个窍门。猎人经过思考，决定不将分得骨头的数量与是否抓到兔子挂钩。而采用每过一段时间，就统计一次猎狗抓到兔子的总重量。按照重量来评价猎狗，决定一段时间内的待遇。

又过了一段时间，猎人发现猎狗们抓到兔子的数量又下降了。而且越有经验的猎狗，抓到兔子的数量下降得越厉害。于是猎人又去问猎狗。猎狗说，我们把最好的时间都奉献给了您，主人，但是我们随着时间的推移会变老，当我们抓不到兔子的时候，你还会给我们骨头吃吗？

请思考

通过这个案例，您认为在进行团队激励时，应该注意哪些因素？

(三) 不同类型企业员工激励技巧与方法

有人把马斯洛层次理论下的员工比作四种不同的鱼：水沟里的鱼、池塘里的鱼、河流里的鱼和大海里的鱼。这个比喻很贴切地反映了在几个不同的层次中的员工的不同点。对于水沟里的鱼，由于自身环境和条件的限制，它们只能以生存和基本的物质满足作为自己的需求，这并不意味着它们不向往广阔的海洋。只是相对而言，生存对于它们是更为实际也更为迫切的选择，这时足够的食物比宽阔的生活环境对它们来说更有价值。

1. 第一种类型的员工：水沟里的鱼

这种类型的员工，他们最迫切需求的是物质，如工资、奖金等。他们需要钱来养家糊口，需要供小孩上学，或者供自己生存等。因此，他们可以做最累、最脏、最不体面的工作，只要有一份不错的收入就行。他们本身并没有太多的能耐，也没有太高的奢求，他们只需要挣足够的钱来承担家庭和生活的责任。这种类型的员工一般为工地上的农民工、工厂里的操作工等最基层人员，或者可以是有经济困难的员工，也可以是走向社会不久迫切需要用钱的员工，对于他们的激励最直接有效的激励方式是物质激励。如果缺少物质激励，不能满足他们最基本的物质需求，给予他再多的精神方面的激励也起不到任何作用。这就像对一群饥饿的人说，你们赶快干吧，干完后给你们一人一套新衣服。对饥饿的人来说，最需要的是食物，而不是衣服，衣服再华丽、昂贵，对他们来说，都没任何意义。

2. 第二种类型的员工：池塘里的鱼

这种类型的员工，他们需要的是良好的工作环境，更大的发展舞台。他们基本上衣食无忧，能满足最基本的物质生活。他们一般是具有一定的学历、知识、能力，拥有一份轻松、稳定而又比较体面的工作，但对自身的工作，往往无法自主选择。这类型的员工一般为中小型国企里的职工，事业单位的一般办事人员等，他们需要的是工作更轻松、环境氛围更好，需要在工作中得到别人的尊重，由于他们对自身的工作缺少自主选择性，也需要有一个更宽广的舞台。因此，对于他们的激励不但需要一定的物质激励，还需要相当的精神方面的激励，两种激励方式应该齐头并进。在物质激励方面主要是增加工资和福利；在精神激励方面，主要是环境激励、组织激励、榜样激励和荣誉激励等。

3. 第三种类型的员工：河流里的鱼

这种类型的员工，他们需要有远大的目标，追求更广阔的舞台。他们一般情况下没有最基本的生活困扰，不是迫切需要整天为生活而奔波。他们一般具有较高的学历，具有较强的专业知识和能力，他们的工作往往不稳定，也不一定体面或轻松。这种类型的员工一般为私营企业或其他性质企业里的管理人员、技术人员或业务人员。他们可以暂时从事比较脏、累、苦的工作，也可以暂时从事没有物质保障的工作，他们看中的往往是自身的发展和自身能力的提高，他们所需要的是要有远大的目标，更为宽阔的舞台，他们能接受暂时脏、累、苦，甚至是不体面、没有物质保障的工作，但不是长久地接受这种工作，他们只是把这种工作作为一种磨炼，以期得到更大的发展。因此，对于他们的激励更有效的应该是目标激励、能力激励、绩效激励等，物质激励可以次之。

4. 第四种类型的员工：大海里的鱼

这种类型的员工，他们需要有竞争性的环境，需要有实现自我的舞台，更需要有提高自己能力的机会。他们一般情况下都拥有比较雄厚的物质基础，能过上优越的日子，不会为生活发愁。他们一般都具有非常高的学历，丰富的专业知识，卓越的能力。他们的工作体面，而又富有竞争。这种类型的员工一般为大型企业甚至是跨国企业里的中高层管理人员或专家。在这类型企业里，无论是组织环境、文化氛围，还是薪酬、福利，都很优厚，但是，这里人才辈出，竞争激烈，弱肉强食现象到处存在，很容易被淘汰。这种类型的员工，他们需要的是自身能力的提高，自身价值的实现，只有能力提高，才不会被淘汰，自身价值得以实现，才能有更大发展。因此，对于他们的激励更有效的应该是能力激励、绩效激励等。

其实，在任何企业、单位或团体，以上四种类型的员工都会存在，他们之间也不完全是独立的，有些员工可能同时具备了以上四种类型员工的部分特质。因此，任何一个企业、单位或团体，在实施激励手段时，要根据不同类型的员工实施不同方式的激励，杜绝滥用激励，把激励资源真正用到最需要的地方。

【复习思考题】

1. 什么是企业内部心理氛围？
2. 企业内部心理氛围由哪些因素构成？
3. 什么是凝聚力与向心力？
4. 什么是群体冲突和群体激励？
5. 在物业管理中，如何有效运用凝聚力与向心力、群体冲突与激励的相关理论？

模块七 组织管理心理

项目十五　企业的领导心理

【学习目标】

能力目标

能够运用所学的企业领导心理，分析、判断领导的行为艺术，认识领导管理水平对企业的重要性。

知识目标

了解领导的概念；理解管理者和领导者的关系；掌握提高领导者影响力的途径和领导艺术。

【案例引入】

叫"老板"的鹦鹉

一个人去买鹦鹉，看到一只鹦鹉前标着：此鹦鹉会两门语言，售价200元；另一只鹦鹉前则标着：此鹦鹉会4门语言，售价400元。该买哪只呢？两只都毛色光鲜，非常灵活可爱。这人转了很久，拿不定主意。结果突然发现一只老掉了牙的鹦鹉，毛色暗淡散乱，标价800元。这人赶紧将老板叫来：这只鹦鹉是不是会说8门语言？店主说：不。这人奇怪了：那为什么又老又丑，又没有能力，会值这个价钱呢？店主回答：因为另外两只鹦鹉叫这只鹦鹉"老板"。

请思考

1. 通过这个故事，你得到什么启示？
2. 提高领导能力的关键是什么？

提示：真正的领导人，不一定自己能力有多强，只要懂信任、懂放权、懂珍惜，就能团结比自己更强的力量，从而提升自己的身价。相反，许多能力非常强的人却因为过于完美主义，事必躬亲，认为什么人都不如自己，最后只能做最好的公关人员、销售代表，成不了优秀的领导人。

一、领导概述

（一）领导的概念

关于领导，不同的学者从不同的角度对这一概念进行了定义。概括各种有关管理的文献中，关于领导的定义主要从以下几方面不同理解。

1. 把领导看成是一项程序与过程

斯托格狄尔（R. M. Stogdill）在《领导、成员和组织》一文中认为："领导是对一个组织起来的团体为确立目标和实现目标所进行的活动施加影响的过程。"海曼（T. Haimann）等认为："领导是一项程序，使人得以在选择目标及达成目标上接受指挥、引导和影响。"赫姆菲尔（J. K. Hemphil）认为"领导是指挥群体在相互作用的活动中解决共同问题的过程。"

2. 领导是一门艺术

孔茨（H. Koontz）等在《管理学》一书中认为："领导是一门促使其部属充满信心、满怀热情来完成他们的任务的艺术。"

3. 领导是一种影响力与能力

坦南鲍姆（R. Tannenbaum）等在《领导：职权范围》一文中认为："领导是在某种条件下，经由意见交流的过程所实行出来的一种为了达成某种目标的影响力。"

4. 领导是一种行为

泰瑞（G. R. Terry）认为："领导是影响人们自动地达成团体目标而努力的一种行为。"

5. 领导是上级赋予某个人的权力

科·杨（K. Young）在《社会心理学手册》一书中认为："领导是一种统治形式，其下属或多或少地愿意接受另一个人的指挥和控制。"弗兰奇和雷文（J. French & P. Raven）在《社会权力的基础》一文中也把领导的影响解释为权力——"一个人所具有并施加于别人的控制力。"

上述种种解释从不同角度或侧面论述了领导的含义。有的出自心理与人格观，强调素质，发现人才，安排职位；有的从团体过程出发，强调影响团体，达成组织目标；有的从功能操作出发，强调有效而明智的决策；有的从自我实现观出发，强调创造环境，发展职工行为；有的从社会系统出发，强调如何表现适当行为，掌握好团体等。但是，从他们的解释中也包含了一些相似的意思：

第一，领导行为或过程中一定包含有领导者与被领导者的行为，否则就不成其为领导；

第二，领导行为是一个动态过程，要受领导者、被领导者、环境因素制约，领导行为是由这三个因素所组成的复合函数，用公式表示为"领导行为 = f（领导者，被领导者，环境）"；

第三，领导者与被领导者相比较，具有更大的权力、责任与影响力；

第四，领导行为的目的是指引和影响被领导者实现团体和组织的目标。

本书认为领导是对一个有组织的群体施加影响，以推动其达到目标。领导是一个由领导者、下属和情境三要素构成的职能。领导是领导者、下属和情境三者之间复杂的互动作用的结果。我们不仅要关注领导者和下属在领导过程中的表现，也要关注领导过程中领导者和下属之间的相互作用，以及情境如何限制或促进领导者行为，改变领导的效果。

（二）领导和管理

领导是"做正确的事"，管理是"把事做正确"——德鲁克

在现实生活中，要维持企业或一个组织正常的运转，领导与管理的存在可以说是至关重要，而且是无处不在的。因为管理和实施都与领导分不开，所以经常让人们感到领导与管理是一回事，是同一个概念。实际上，领导与管理是两个不同的概念，两者联系紧密，却又截然不同。

1. 领导是从管理中分化出来的

近年来，有一种观点把传统的对管理职能的解释，即计划、组织、指挥、协调、控制五个方面，改变为计划、组织、领导、控制四个方面。在这种观点中，领导是管理的一项职能，并且解释领导的含义是促使其他人完成他们的工作，维持组织成员的士气，激励下属。领导的目的是使大家为实现组织或群体的目标而努力。

从广义上理解，为了提高群体活动效率的需要，人们产生了对管理的需要。而管理的实现就产生了对领导的需要。例如，几个人一同搬一块大石头，需要有人喊一声一、二、三，鼓励大家。一个乐队需要一个指挥。这样，在管理中一个具有特殊地位的人和特殊地位的工作就产生了，领导也就从管理中分化出来。

2. 领导与管理的客体不同

领导重在决策，管理重在执行。领导就是率领并引导大家朝着一定的方向前进，而管理就是负责某项工作使它顺利进行。对于一个企业来说，对领导的要求体现在企业的定位、发展方向、风险的规避、管理的理念等方面；而对管理的要求着重于充分利用企业的各种资源，实现企业正常、有效的运转。所以领导的客体主要是人，而管理的客体主要是事。即使以人为本的管理理念，也只是把人看做企业的资源，或者最重要的资源来管理，而不具有带领和导向方面的含义。

3. 领导与管理实施的方式不同

有句话这样形容领导和管理：领导 = 地位 + 威信；管理 = 权力 + 制度。

管理的实施是建立在合法的、强制性的权力基础上的；而领导的实施主要是个人的影响力，即来自被领导者的认可。管理依靠管理者担任的管理岗位所赋予的管理权力，通过管理制度来实施，强调下属的服从和组织的控制来实现组织目标。领导依靠的是领导者个人的人格魅力及领导艺术，通过领导者对人的影响和引导来实施，强调通过与下属的沟通和激励来实现组织目标。管理的实现体现在被管理者的服从；领导的实现体现在人们的认同和跟随。制度是对人的有形的约束，而领导是看不到的，但能使团队凝聚，是企业运转的无形的手。领导是旗帜和灵魂，领导的影响力可能产生思想体系和精神支柱。所以经常会出现领导者已经不存在时，仍然会有许多的追随者。他们的行为，表现为自觉和自愿，并且在没有形式上的领导者的情况下，仍然有着统一的思想和目标。管理是管事，领导是激励和鼓舞人。所以好的管理者不一定是好领导；反之，好的领导也不一定是好管理者。

（三）领导的职能与领导风格

1. 领导的职能

领导有两种职能，一个是维系和凝聚团队，另一个是领导团队完成一切任务。所以，领导的作用主要体现在两个方面，即在实现确定目标的同时，尽可能地满足组织成员的需要。

美国某管理学家对领导的定义是："领导就是指导、带领、引导和激励下属为实现目标而努力的过程。"从这一定义可以看出领导有以下三要素：①领导者必须有部下或追随者；②领导者拥有影响追随者的能力或力量，它们既包括由组织赋予领导者的职位和权力，也包括领导者个人所具有的影响力，具体又包括产生于领导者所拥有的专门知识或特殊技能的影响力，来自追随者认可的个人经历、性格或榜样产生的影响力；③领导的目的是通过影响部下来达到组织的目标。

2. 领导风格

领导风格与领导的职能相应。领导风格有两类：一类是关心人，以人为导向的领导风格；另一类是关心任务，以完成任务为导向的领导风格。事实上，领导的风格往往是以上两种风格的不同程度的组合。

邓小平曾经说过，善于发现人才、团结人才、使用人才是领导者是否成熟的主要标志之一。还有个说法是：要有清醒的政治头脑和政治意识，识大体、顾大局；要有比较渊博的知识；要有较强的协调组织服务能力；要有合作的精神和合作的能力；要具有人格魅力。

领导不需要事无巨细地置身于人、事、财、物、信息、时间等具体问题的调控与配置上，不需要处理繁杂、琐碎的具体事务，主要从根本上、宏观上把握组织或企业的活动，所以不应太忙。忙和充实不是一回事，太忙就没有了学习的时间、没有了调查研究的时间、没有了与各方面沟通联系的时间。在领导者和管理者可能是同一个主体的情况下，往往是领导得少而管理得多，因此也应该适度把握领导和管理的幅度和力度。

二、领导心理与团队管理

小成功靠个人，大成功靠团队。——比尔·盖茨

(一) 错误的领导心理

人们总是以成败论英雄，许多领导者尽管在事业上取得了卓越的成就，但是却得不到下属的承认和认可，其实这与他们为人处世的方法有很大关系，更和其领导心理有关。下面介绍几种最常见的领导心理。

1. 大男子主义心理

拿破仑一生最有名的名言是："在我的字典中，没有'不'字。"可他哪里知道，他一生的悲剧就在于这句话，正是这种信条导致了他过高估计自我能力。作为一名男性领导，其职位越高思考的范围就越宽，他的决策常常从宏观上定位、从大局上着眼，这就导致了领导和下属看问题的着眼点不同，下属投入50%的时间和精力去关注的事情，领导可能只关注5%。

下属最希望得到领导的肯定。一位优秀的领导，绝对善于询问及积极倾听他人的意见与感受。如果能随时随地仔细观察并且重视他人工作上的表现，慢慢就可以清楚了解他人的想法及感受，进而加以引导和激励。企业组织内部的维系要靠"同舟共济"的精神力量，有些领导可以跟下属称兄道弟，同吃一锅饭，但又不会轻易放权，凡事都要亲力亲为，因为他们认为只有自己才能把握好新生企业的命运。为凝聚整个团队的力量，领导必须要讲究民主，以调动各成员的潜力、工作积极性和热情。

2. 征服下属心理

每个领导都有征服下属的心理。其实这种心理很正常，关键是他的征服之心是否能自然地表露出来，并得到下属的支持。要吸引人才，方法很多，但始终都摆脱不了一个"诚"字，要待人以诚。这个"诚"可体现在诸多方面，例如，对自己孜孜以求的人才要保持耐心，始终不愠不火，恭敬有礼，相信总有一天会感动他。诚到深处情自现，不见诚字不见情。要做一个出色的领导者，只有诚恳待人，宽以待人，才会获得事业上的好伙伴，前进路上的好帮手。

3. 鸡蛋里挑骨头心理

如果让诸葛亮这个擅长运筹帷幄、具有远见卓识和气魄的人去做决胜千里之外的将士，跨马扬刀，冲突于敌阵之中，显然是不可思议的。因为诸葛亮的专长就是出谋划策，而上阵杀敌只能是张、关、赵之辈所为。相反，若把张、关、赵三人放在诸葛亮的位置上，同样是用人非用其长。

有一类上司又可称为吹毛求疵的上司，他们似乎有一种挑剔的心理，专门挑下属缺点和错误，他们自己未必十全十美，却要求属下十全十美。一般识人之短容易，识人之长、说人好话并非易事。可现在见到更多的一种情况是：当一个员工退休或逝世时，他的上司往往对

他和他的工作说些好听的话。但是,当他活着和在职的时候,上司从来没有赞扬过他;相反,总是吹毛求疵,动辄批评。因此,人们常常可以听到一些员工议论他们的领导,说领导只会大声训斥他们的错误,从来不表扬他们。这种抱怨多得出人意料,而且是来自那些多年来忠心耿耿地努力工作的那些人。

松下幸之助曾说过:"用人就是要用他的勇敢,必须尽量发掘下属的优点。作为主管,就是要以求贤若渴的态度,对人才从大处着眼,从长处着眼,看人的本质、主流。当然,发现了缺点之后,也应该马上纠正,以七分心血去发掘优点,用三分心思去挑剔缺点,就可以达到善用人才的目的。"

每个人都有缺点,即使不挑也还是存在。但是,除了缺点之外,每个人也还有长处。领导的正确做法应是扬其所长、避其所短,而不是反过来,以挑下属的缺点为乐事。

(二)领导者必备的心理素质

心理素质是指领导者个人的性格、气质、意识、情感价值观等心理要素。良好的心理素质是领导者工作成功或失败的重要条件。法国启蒙运动的先驱者伏尔泰说:"造就政治家的,决不是超凡出众的洞察力,而是他们的性格。"领导者不是神,与其他人一样有喜、怒、哀、乐。但当好领导,必须善于调节自己的情绪,保持良好的心理,没有良好的心理,是难以卓有成效地开展组织管理工作的。

1. 事业心与责任感

作为领导者应该有努力成就一番事业的奋斗精神和热爱工作,希望取得良好成绩的积极心理状态,认为事业的成功,比物质报酬和享受更为重要。它体现了领导者的信念,促使领导者在实践中自觉地追求真理、实现目标。

2. 自知之明与知人之智

正确地估计自己、正确地评价别人是一个领导者必须具备的品质,只有这样才能做到扬长避短、以人为镜,克服主观性和片面性,更好地调动职工的积极性。

3. 果断与魄力

果断与魄力是领导者应具备的意志品质。它能够使领导者自觉地调节与控制自己的行为、冷静地分析面临的复杂问题并及时作出决策和周密考虑行动的方法等。当机立断的魄力是领导者胆量和见识的综合表现,也是时代强者的表现。在竞争激烈的今天,现代领导者面临着许多新问题,必然要应用其知识和智慧,综观全局,把握时机,作出抉择,这就是当机立断的魄力。如果优柔寡断,就会错过良机。要做到这一点,首先要敏捷而准确地发现问题的症结;其次要通过现象把握本质,权衡利弊得失;最后认准目标,当机立断,拍板定案。

4. 宽宏大量与知人善任

宽宏大量和知人善任是领导者应有的风格和气度。领导者要能容人和用人,不斤斤计较，善于用人之长，坚持疑人不用，用人不疑。

5. 管理才能和创新精神

领导者要具有计划、决策、组织、协调的能力。同时，领导者还要具有开拓者的创造精神，在新形势下，不断地研究新情况，解决新问题，探索新观点，提出新目标，树立新作风，采用新方法。

（三）领导与团队管理

在非洲的草原上，如果见到羚羊在奔逃，那一定是狮子来了；如果见到狮子在躲避，那就是象群发怒了；如果见到成百上千的狮子和大象集体逃命的壮观景象，那是什么来了呢？——是蚂蚁军团来了。这就是团队的力量。

在团队管理中，领导者作用的有效发挥对团队绩效是至关重要的。所谓团队，就是由员工和管理层组成的一个共同体，该共同体合理利用每一个成员的知识和技能协同工作，解决问题，达到共同的目标。一个理想的团队就像一台运转良好的计算机，必须有高质量的硬件和优秀的软件。团队的硬件决定团队的起跑速度；团队的软件则影响着团队的耐力。没有好的硬件设施，团队是先天的畸形；没有优秀的软件，团队则是后天的发育不良。团队软件是团队的灵魂。硬件条件再好，没有灵魂就是行尸走肉，凑合在一起也只能是同床异梦，谈何效率。

因为团队管理涉及的问题面很广，以下几个比喻有助于对团队管理的理解。

1. 团队管理中的沙土与混凝土

如果有一车沙土从地王大厦（深圳最高的楼）楼顶上倒下来，对地面的冲击不会太大，如果把一车已凝固成形的混凝土从地王大厦楼顶上倒下来，其结果就大不一样。团队管理就是把一车散沙变成已凝固成形的混凝土。

2. 团队管理中的成分结构

沙子本身变不成混凝土，它还需要石头、水泥、石灰、钢筋等按一定的比例配合才能形成。一个团队的人员知识结构、年龄结构、男女结构、工作经验等都需要按比例配置。

3. 团队管理中的信任与水

团队的基础是信任，在混凝土的成形过程中，水起到融合的作用。团队领导必须做到信任团队中的每一个人，相信他们能做好每一件事，相信他们会尽自己全力（"士为知己者死"便是这个道理），并且要让团队中的每一个人相互信任。

4. 团队管理中的领导者定位——搅拌工

团队中其他人员相互不信任怎么办？给他们相互交流的机会，这在混凝土成形过程中便是一个搅拌的过程。搅拌的方式有很多，如培训、出游、讨论会、文艺活动等。团队管理者是一位搅拌工的定位，从另一种意义上也就是凝固剂的作用。

5. 团队管理中的收获与乐趣

每个人都有各自的优点与特长，如果把这些比作一本书，则每一个人都拥有一本别人不曾拥有的书。如果每个人都乐于共享，则每个人都可拥有更多的书，这一方面提供了交流的机会，另一方面提供了提高的机会。

三、领导艺术

一个充满智慧的企业领导者必须学会运用一定的领导艺术，概括起来就是对人、对事、对时间的艺术。

（一）对人的艺术

一个领导者所面对的人包括下属、同级、上级和客户。

1. 对待下属的艺术

古语言："良主无弃士，良匠无弃木。"

（1）对"亲者"应保持距离

"亲者"是指与领导观点相近，接触较多者。开明的领导应与"亲者"保持一定距离，这样做有几点好处：①有利于团结大多数；②有利于客观地观察问题，冷静处理内部关系；③避免因容易迁就"亲者"而陷入泥潭；④利于与下属保持深沉、持久、真挚的关系。成功的领导者都是以一种超然的、不受感情影响的方式来看待与下属的关系。领导者要提倡与下属打成一片，赤诚相见，对下属不分亲疏，爱护团结，一视同仁。

（2）对"疏者"当正确对待

"疏者"是指反对自己或有不同意见者。领导应该看到"疏者"往往是自己避免犯错和使自己工作取得成功的重要因素，要客观、公正对待"疏者"，应有将"疏者"当作治疗自己各种弱点、缺点的良药的气魄。

（3）对下级须尊重以礼

对下级尊重以礼主要体现在要尊重下属的人格尊严、以礼相待，尊重下级的进取精神，维护下级的积极性、创造性和关心信任下属等方面。

（4）对纠纷要公平、公正处理，即"一碗水端平"

《西游记》中的唐僧能够充分利用其所拥有的资源，达到最终取经的目的。唐僧能够让那么顽皮的猴头心甘情愿地跟随于他，这就是艺术。阿里巴巴总裁马云曾在《对话》栏目中说过这样一句话："我认为：顾客是第二位的，员工第一！如果员工没有照顾好，那么他们也不会把顾客照顾好。"因此，每一个领导者应该把握好对员工的艺术。

2. 对待同级

（1）积极配合而不越位

作为领导层或管理层中的一员，既要有全局观念，齐心协力，积极开展工作，又要做到不越位篡权、插手别人分管的工作。"各人自扫门前雪，不管他人瓦上霜"的思想行为要不得；而"荒了自家责任田，专种别人地"的做法也是十分有害的。要尊重其他领导的职权，维护他们的威信，不干预和随便议论评说对方的工作。属于别人职权范围内的事，绝不干预，属于自己的责任也绝不推卸。在有能力和必须帮助他人工作时，一定要掌握好分寸和尺度，掌握好时机和方法，避免产生负面效应。

（2）明辨是非而不斤斤计较

对同级间出现的矛盾和分歧，要以大局为重，从维护团结的愿望出发，坚持做到"是非问题弄清楚，一般问题不计较"。涉及大是大非问题，要坚持原则，不妥协，不让步。但要讲究方法，避免言辞过激，伤害对方的感情。还要注意不要把矛盾公开化，把某些分歧扩散、感染干部员工。对一些鸡毛蒜皮的小事，应采取不细究、不计较的态度，严于律己，宽以待人，谦和忍让，豁达大度。

（3）相互沟通而不怨恨猜忌

同级之间应经常沟通思想，建立和谐的感情氛围。实践证明，善于沟通的领导容易被对方理解和信任，彼此之间的心理防线也容易迅速消除；相反，缺乏相互沟通的愿望，彼此间"脸上笑呵呵，怀里揣秤砣"，最容易发生心理冲突，怨恨猜忌，造成僵局。同级间发生不团结的现象，主要表现为在重大原则上有分歧的少，思想感情上有隔阂的多；故意拆台的少，合作不密切的多；制造事端的少，处理矛盾不妥、方法不当的多。只要注意经常沟通思想，就可以减少矛盾，消除不必要的猜忌，增进感情。

（4）支持帮助而不揽功推过

同级之间常常会遇到一些职责上的交叉，也会共同处理交叉事务，应提倡在搞好本职工作的前提下，对交叉工作争着上、抢着干，使全局工作统筹兼顾起来，杜绝出现责任真空。只有互相支持，才能互相配合。当其他同级在工作中遇到困难时，要主动排忧解难；当对方出现失误和差错时，应主动补台，不能看笑话，更不能落井下石，趁机拆台。尊重别人的人，一定能得到别人的尊重，客观上也在增强自身的凝聚力和号召力。在对待功劳名利上，不能好大喜功，有了功劳往自己身上揽，有了过错往别人身上推。要做到权力不争，责任不推，困难不让，有功不居，有过不诿，彼此间的关系就会更加密切、融洽，真正形成患难相处、和衷共济的氛围。

（5）见贤思齐而不嫉贤妒能

古人说得好"见贤思齐焉，见不贤而内自省也"。处理好同级的关系，不仅要有容人之短的度量，而且要有学人之长的胸怀，见贤思齐。在现实生活中，人与人之间能力有大小之分，水平有高低之别，领导层优化了并不等于个体没有差异，这就要求各级领导要虚心学习，取长补短，增长才干，共同进步。不要怕别人超过自己，不能患得患失，嫉贤妒能，一旦发现别人在某些方面比自己强，就嫉妒，使得相互之间关系紧张，工作必然受到影响。

3. 对待上级

（1）与上级领导者的交往要适度

与上级领导者的交往要适度主要体现在以下 3 个方面。

① 尊重而不恭维。下级尊重领导，维护领导权威是基本的组织原则，希望得到下级的尊重是领导者的普遍心理，但尊重不等于恭维，正常的上下级关系是建立在尊重领导、支持工作和维护威信上。

② 服从而不盲从。下级服从上级是领导者实现领导的基本条件，是上下级关系的基本原则。即使领导的决策、做法有错误或个人与领导有不同意见，下级也应该服从上级，但在具体操作过程中应该采取适当的方式向领导者阐明问题的严重性或在实际行动上有所保留、修正和变通。

③ 亲近而不庸俗。上、下级之间既保持经常接触，又要保持一定距离。做到组织上服从，工作上支持，态度上尊重。

（2）要尽职尽责尽力而不越位

下级要明确自己的特定角色，努力按标准做好工作，不越位。越位现象主要有以下四种。

① 决策越位。不该自己决定的事情拍板决定。

② 表态越位。表了不该表的态。

③ 工作越位。做了不该自己做的事。

④ 场合越位。未按场合要求摆正自己的位置。

（3）创造性地执行上级领导者的指示

由于领导所制定的工作方针、计划、要求一般都是比较笼统的，因此下级必须在领会这些方针、计划的基础上，结合本单位的实际情况创造性地开展工作，这也是下级工作水平、能力的主要体现。

（4）善于将自己的意见变成领导者的意见

下级只有善于使自己的意见被领导采纳，意见才会有实现的可能。在如何说服领导者采纳自己的意见上，以下几点是需要注意的。

① 要掌握不同领导听取意见的特点，采取相应方法反映意见。

② 要使自己的意见有科学性、可行性，容易被领导采纳。

③ 要选择适当的时间、地点和场合提出意见。

④ 建议中要有几种方案，留给领导者选择的余地。

⑤ 点出问题的成败利害，使领导者有紧迫感。

4. 对待客户

同是客户不应该有三六九等之分，同是客户应该受到同等的尊重，留住一位老客户就可能增加很多新客户。物业管理公司向业主提供的是服务，在提供服务（产品）的过程中要如同嫁女儿一样。这包括三层含义：要像嫁女儿一样隆重严肃地将服务出售给业主，成交以后要像姻亲一样与业主往来沟通，要像看望出嫁女儿一样经常关心业主的情况。

(二) 对时间的艺术

时间是一种无形而有重要价值的资源，它的基本特征就是不可储存性。领导者是否善于运筹时间，这不仅是个人领导艺术的问题，更重要的是它往往关系到事业的成败。因为时间一旦与具体的工作相结合就意味着机会、时机和效率。作为领导者既要珍惜时间，又要善于运用时间。在时间的运用上切不可搞平均分配，而要"好钢要用在刀刃上"。对时间的艺术，既包括领导者对自己本职工作、事务处理的时间安排，也包括他对本企业内各类事务处理的时限的了解和运筹。总的来说，对提高领导效率大有帮助的时间管理艺术主要有以下几个方面。

1. 科学运筹时间

科学运筹时间是提高领导效能的最重要的途径。领导者想要完成组织行政目标，并试图获得最佳的效果，就必须科学运筹时间。领导在工作中科学地运筹时间，是一项重要的领导艺术。对于领导效能来说，赢得了时间的主动，就等于赢得了胜利。

2. 合理安排工作程序

领导者要合理安排时间消耗比例，把要完成的工作，依据工作的轻重缓急、规模大小进行分类，按照时间先后次序安排好，然后按预定计划逐步完成。合理安排工作程序的基本要求如下。

① 明确工作先后的次序，先主后次。

② 建立严格的时限要求，提出具体工作的明确时限要求，严格规范时限计划，并按预先规定的时限检查或总结完成情况。

③ 最重要的是安排处理好整体工作与局部工作的日常工作计划。

3. 提高时间利用率

领导者处理工作事务，要专心致志，利用各种有利因素，延长内在时间，努力提高每一单位时间的利用率的同时，要善于挤时间，充分利用现代化的科技手段，把握高效率的黄金时间段，从而提高时间效率。

(三) 对事的艺术

目前，领导者的做事能力特别是执行能力越来越重要。执行的艺术也成为对事的艺术，主要是指领导者掌握执行分寸的各种技巧。提高执行的艺术水平可以从以下几方面进行努力。

① 执行政策与灵活变通相结合。

② 抓住重点与统揽全局相结合。

③ 明晰与含糊相结合。

④ 紧张与松弛相结合。
⑤ 惜时如金与等待时机相结合。

在执行时，按以下原则安排工作次序。
① 建立健全规章制度。
② 按照例外办事原则办事，充分授权。
③ 不以压力作为工作次序的标准。

【复习思考题】

1. 简述什么是领导。
2. 简述管理者和领导者的关系。
3. 如何提高领导者的影响力？
4. 在物业管理中，如何提高领导者的领导艺术？

参 考 文 献

[1] 高程静．主人翁意识与职业操守．中外管理，2009（6）．
[2] http://management.yidaba.com/201005/271213451007100100000052481.shtml．
[3] 斯蒂芬·罗宾斯，蒂莫西·贾奇．组织行为学．18版．孙健敏，朱曦济，李原，译．北京：中国人民大学出版社，2021．
[4] 张小毅，冯程．企业组织冲突的原因及积极应对．现代企业教育，2007（24）．
[5] 秦小龙．基于人性假设的企业员工激励模式研究．科学与管理，2009（5）．
[6] 赵丽丽．浅谈物业服务中对业主投诉的处理方法及建议．现代物业，2018（7）．
[7] 师慧茹．社区合作治理的生成机制与行动逻辑：以上海K街道"业主投诉处置"为例．上海：上海师范大学，2021（4）．
[8] 黄蕾．物业公司品牌建设与业主感知的若干思考．住宅与房地产，2021（5）．
[9] 何宇新，蒋涛．一起物业收费投诉处理引发的思考．中国价格监管与反垄断，2023（3）．
[10] 刘志成．物业管理收费难的现状、成因及解决路径．现代物业，2020（6）．
[11] 周超．如何实现对业主情绪的有效调节．中国物业管理，2006（10）．
[12] 王琴茹．服务心理学．第2版．北京：高等教育出版社，2021．
[13] 魏乃昌，魏虹．服务心理学．北京：中国物资出版社，2008．
[14] 张等菊．服务心理学．3版．北京：经济科学出版社，2020．
[15] 王晓宇．物业客户服务管理．北京：中国物资出版社，2012．
[16] 苏宝炜，李微微．互联网+现代物业服务4.0．北京：中国经济出版社，2016．
[17] 刘国防．营销心理学．3版．北京：首都经济贸易大学出版社，2022．
[18] 张志国，郑实．物业管理沟通艺术．北京：机械工业出版社，2011．
[19] 朱吉玉．公关心理学．5版．大连：东北财经大学出版社，2021．
[20] 傅昭．酒店服务心理学．2版．杭州：浙江大学出版社，2020．
[21] 张作祥，张青山，董岩岩，等．物业管理实务．4版．北京：清华大学出版社，2022．
[22] 李荣建．社交礼仪．4版．北京：清华大学出版社，2022．
[23] 辛娜．基于物联网的智慧物业管理服务模式．今日财富，2023（6）．
[24] 刘宇恒．基于物联网的智慧物业管理服务模式探究．大众标准化，2022（19）．
[25] 李莹露．精细化管理服务对中国物业管理服务行业的积极推动作用．商业文化，2022（10）．
[26] 常婷．社区共治视角下的物业管理服务联动优化路径研究．广西城镇建设，2022（6）．
[27] 张琳泹．社区治理背景下物业管理服务发展研究．住宅产业，2022（7）．
[28] 宇丽君．提升创新园区物业管理服务水平研究．上海商业，2022（9）．
[29] 曲媛．和谐视角下老旧住宅小区物业管理困境及管理服务模式创新．住宅与房地产，2023（5）．
[30] 毕连胜．构建"物业服务+生活服务"体系的思考．中国物业管理，2023（3）．